重新发现欧洲

葡萄牙何以成为葡萄牙

A
BRIEF
HISTORY
OF
PORTUGAL

［英］
杰里米·布莱克
著

高银
译

JEREMY
BLACK

天津出版传媒集团

天津人民出版社

图书在版编目（ＣＩＰ）数据

重新发现欧洲：葡萄牙何以成为葡萄牙 / (英) 杰里米·布莱克著；高银译. -- 天津：天津人民出版社，2020.12

书名原文: A Brief History of Portugal

ISBN 978-7-201-16393-2

Ⅰ.①重… Ⅱ.①杰… ②高… Ⅲ.①葡萄牙—历史
Ⅳ.①K552.0

中国版本图书馆CIP数据核字(2020)第160470号

图字：02-2020-272 号

重新发现欧洲：葡萄牙何以成为葡萄牙
CHONGXIN FAXIAN OUZHOU: PUTAOYA HEYI CHENGWEI PUTAOYA

出　　版	天津人民出版社	
出 版 人	刘　庆	
地　　址	天津市和平区西康路 35 号康岳大厦	
邮政编码	300051	
邮购电话	022-23332469	
电子信箱	reader@tjrmcbs.com	

选题策划	联合天际·王微
责任编辑	伍绍东
封面设计	左左工作室

制版印刷	三河市冀华印务有限公司
经　　销	新华书店
发　　行	未读（天津）文化传媒有限公司
开　　本	880 毫米 ×1230 毫米　1/32
印　　张	8.25
字　　数	196 千字
版次印次	2020 年 12 月第 1 版　2020 年 12 月第 1 次印刷
定　　价	58.00 元

关注未读好书

未读 CLUB
会员服务平台

目　录

前　言

葡萄牙是欧洲最妙不可言的国家之一。这个国家的人民魅力四射，它的历史古城与宜人沙滩相得益彰，陆上风光引人入胜。葡萄牙与不列颠两国交往历史源远流长，许多英国人都去过葡萄牙。事实上，两国在地貌与文化方面有不少相似之处。二者处于同一时区，曾经都是强大的帝国。而且，在过去650年里，它们的同盟关系对双方来说都意义重大。

尽管在15、16世纪，葡萄牙对世界上大部分地区的探索十分重要且引人注目（包括葡萄牙开辟的通往印度的海上航线），但是，诸如葡萄牙帝国、1755年里斯本大地震这样的重大事件，还有葡萄牙历史、葡萄牙影响世界的历史，常常不为葡萄牙人之外的人所知。在葡萄牙以外的地方，人们没有大量学习或者说根本就没学习过葡萄牙历史，这一题材在影视作品中也鲜有涉及。根据我的回忆，当我在剑桥学习历史的前两年里，我从未听老师提过葡萄牙。

然而，在过去的40年间，葡萄牙的唯一邻国西班牙却在国际上备受瞩目。在不列颠，明显有越来越多的人开始学习西班牙语、西班牙美食与文化。但是，葡萄牙可没有此种待遇。这是不对的。因为葡萄牙是个迷人的国家，它的历史又是如此有趣。

作者旨在为读者朋友们提供一本葡萄牙简史。在内容全面的同时，又想做到通俗易懂。这本书纵贯葡萄牙历史，横跨葡萄牙地理。鉴于此，本书将特别关注三个方面：葡萄牙的全球角色、它与英国的历史联系，以及葡萄牙主要地区的历史和特征。

葡萄牙对全球的影响显而易见。事实上，尤其由于之前葡萄牙人对巴西的殖民统治，葡萄牙语如今是全球第六大通用语，仅次于汉语、印地语、英语、西班牙语与阿拉伯语。葡萄牙的全球角色始于15世纪的航海探索时代，尤其是航海家恩里克王子与达伽马。这并不是发现时代，因为葡萄牙所到之处的民族知道自己所在的位置，欧洲人当时已知晓印度的存在。但是，葡萄牙人探索出新航线，"发现"了不为欧洲人所知的民族，尤其是巴西的许多民族。葡萄牙是当时最早建立起来的大西洋帝国，它还开通了从欧洲直达亚洲的海上航线。荷兰人和英国人后来沿用了此航线。

葡萄牙人最早在大西洋捕鱼，在马德拉岛、亚速尔群岛与佛得角群岛定居，探索非洲西海岸。随后，自16世纪中叶起，葡萄牙全球帝国的范围从中国澳门延伸至东印度群岛帝汶岛，经马六甲（马来西亚）、果阿、印度其他地方与斯里兰卡的大本营，到蒙巴萨、莫桑比克与东非、安哥拉的其他据点，再到西非基地，接着继续往巴西。在19世纪20年代失去巴西、1961年失去印度殖民地、1975年失去非洲帝国，以及在1999年澳门回归中国后失去幸存的亚洲占据地之前，葡萄牙曾经拥有一个重要的世界性帝国。

葡萄牙如今拥有的海外领土只剩下亚速尔群岛、马德拉岛。但是，在葡萄牙及更广泛区域内仍有世界性帝国的遗产。事实上，这是一种特别的世界性帝国，是民族、饮食、观念、语言、宗教、文化的融合。

葡萄牙的对外开放让它与南欧大部分地区相比显得与众不同，包括其他强大帝国，如西班牙、意大利。

葡萄牙作为英国最早的盟友，在1147年推翻摩尔人的统治、攻克里斯本的血战中，在14世纪反抗卡斯蒂利亚的战斗中，均得到英国人的帮助。英国长弓手在14世纪80年代的战事中发挥了关键作用，尤其是在1385年的阿尔茹巴罗塔之战中。在16世纪80年代、17世纪60年代、1700—1709年、18世纪60年代、1808—1813年与19世纪20年代，英国人继续在葡萄牙历史上扮演着重要军事盟友角色。然而，在16世纪80年代，葡萄牙社会相当大一部分人已接受西班牙国王腓力二世的统治。自17世纪60年代起，在捍卫葡萄牙自由的战斗中，英国火枪手接过早期弓箭手手中的接力棒。

葡萄牙始终是英国的重要盟友。英国希望葡萄牙心甘情愿接受这个角色，英国的希望通常（但不总是）得到了回应。在整个19世纪，葡萄牙是被迫就范的，甚至还成为大英帝国的非正式成员国。正如当时乔治·坎宁所言："葡萄牙必须永远是英国的。"事实上，1890年的最后通牒（见第10章）绝不是在共同目标指引下协商一致的产物。

贸易，对英葡两国的政治、经济关系至关重要。贸易先是将葡萄牙商品运到英国，后又把英国商品带到葡萄牙，尤其是中世纪的毛呢、19世纪的煤炭。当时在从葡萄牙及其帝国运到英国的商品中，最著名的要数波尔图葡萄酒和巴西黄金了。前者在英式饮品清单上留下浓墨重彩的一笔，后者对18世纪大英帝国的偿付能力来说至关重要。

更近地，大规模英国游客蜂拥而至，前往阿尔加维的人尤其多。对英国人来说，葡萄牙不仅有阳光、沙滩与高尔夫，在里斯本、波尔图、马德拉与亚速尔群岛，还有重要的游船停靠码头。在葡萄牙旅行还意味着流行的杜罗河乘船度假，以及前往里斯本、波尔图路上中途歇脚的小城之旅。所有这些项目在英国游客当中已经日渐流行。看起来，英国游客在将来对葡萄牙人依然重要。

旧爱

1762年5月13日，《伦敦纪事报》报道：

"在葡萄牙人心中，世上没有哪个国家像英国的地位那般崇高。无论是从国家整体层面来看，还是从商人个体层面来看，葡萄牙人在想到、谈到英国人时也是满怀敬意。除英国外，没有哪个国家像葡萄牙一样，同时仇视法国人与西班牙人。因此，尽管葡萄牙整个国家或者说他们的商人在信仰上盲目狭隘（因此将我们英国人看作异教徒），但是他们自身的利益与阅历将他们与我们紧紧相连、密不可分。"

民族刻板印象不但会误导人，而且往往也是危险的。当我们讲到这些过去的刻板印象时，无不慨叹它们有多过时。同样值得注意的是，英国旅行者常将葡萄牙人与西班牙人放在一起作比较，还往往厚此薄彼地把葡萄牙人刻画成与世无争、友好和善的模样，因为这两个特点比较显著。

在某种程度上，葡萄牙不同地区的历史反映出它们各自的特征，也显示出这个千姿百态的国家的趣味。从北部山地到南部阿尔加维的悬崖峭壁、片片沙滩，从本土到群岛，葡萄牙都十分值得一游。葡萄牙各地区有着共同的历史，但它们也有不同的过往。它们的多元背景，在相对狭小的土地上为游客带来多种乐趣。虽然在一些路段开车比较危险，有些小路可能路况不佳，但如今驾车游历葡萄牙已比从前容易得多。

自1990年起，笔者曾多次造访葡萄牙，每次都受到热情款待。本书正是对这种恩情的小小回馈。埃尔德·卡瓦利亚尔、罗格·柯林斯、安德奎亚·克里斯蒂娜·内格勒、马林·纽伊特与何塞·米格尔·佩雷拉·阿尔科比奥·帕尔马·萨尔迪卡对本书初稿的指正使我受益匪浅。我还从加布里埃尔·帕克特的鼓励中获得力量。理查德·斯通曼、彼得·怀斯曼、安东尼·赖特与帕特里克·祖特希就具体细节向我提供了宝贵建议。上述诸君对书中尚存的疏漏之处概不负责。事实证明，邓肯·普劳德富特是一位十分和蔼可亲的编辑。

我很高兴将本书献给我29年的老友斯蒂芬·拉思伯恩。他在历史教学方面颇有见地，为我提供了正确引导。

第一章

从巨浪与狂风中诞生

在独立建国以前，
人们既感觉不到葡萄牙的存在，也看不出它的独特之处。

葡萄牙的地貌造就了它的特色。由于地势、气候的关键作用，葡萄牙的内陆地区难以开垦，而且情况一贯如此。葡萄牙也有绵长的海岸线，事实上，作为欧洲大陆的一部分，葡萄牙的海岸线国土面积之比很高。即便这个比率不及丹麦，却也远超西班牙。此外，虽然葡萄牙大部分地区靠近海岸，但也有相当一部分地区邻近河流。尤为引人注目的是奔流不息的塔霍河，它那宽阔的河口就在里斯本前面敞开。主要城市里斯本与波尔图均为港口。我们越过葡萄牙绵延800多千米的海岸线远眺，便能望见大西洋。葡萄牙近半数人口居住在北起布拉加、南至里斯本以南塞图巴尔的大西洋海岸的狭长地带上。不同于西班牙、法国与英国，葡萄牙邻近的海洋只有大西洋。

自公元前6世纪起，在葡萄牙历史上的大部分时期，虽然捕鱼业让渔民在大西洋滚滚巨浪与狂风暴雨的威胁之中艰苦劳作，但近海地带也为人们带来了丰富的渔获物，即蛋白质与多种维生素来源。里斯本的码头与鱼市场十分值得游客一览，卡斯凯什、塞辛布拉的鱼市拍卖会也特别有趣。当日捕鱼结束后，渔获物将被送进鱼市拍卖会。周围餐馆近水楼台先得月，凭着那股鲜劲儿烹出的鱼，别提有多美味了！

但是，长期以来，看似一望无际的大西洋宽广的海平面其实意味着一种限制，而非机遇。事实上，这种情况直到15世纪才开始改变。葡萄牙人并非与众不同。相反，在伊比利亚半岛上波澜壮阔的历史洪流冲击下，葡萄牙人与西班牙人有着许多相似之处。两国边境线总长达1287千米，自12世纪葡萄牙独立后，两国边界争端不断。纵观葡萄牙历史大部分时期，人们都无法从地理及其他方面，找出能将葡萄牙作为独立主体看待的明确理由。事实上，它的存在完全是由9—10世纪后社会政治的沧桑巨变所导致的。出于这种原因，葡萄牙在12世纪才成为独立的国家。因此，在独立建国以前，人们既感觉不到葡萄牙的存在，也看不出它的独特之处。

葡萄牙与伊比利亚半岛上的其他地区一样，历经罗马征服、基督教化、西哥特人征服、摩尔人接管、对摩尔人的驱逐，以及新王国的巩固。与西班牙相同，葡萄牙大部分人口居住在陆地上，以务农为生。两国均为伊比利亚半岛国家，其中葡萄牙占据半岛面积的1/6。葡萄牙只有西班牙一个邻国，此外不与别国接壤。

然而，葡萄牙具体的地貌特征造就了这个国家。虽然它在区域身份、地区政治上，无法与强大的西班牙相比，因为西班牙历史上更加四分五裂、面积更大，但是葡萄牙还是与邻国的模式存在许多重要差异。在本书中，作者将探讨葡萄牙各地区，即13—16章提到的地区，详述这些差异。不过，它们主要是多山、偏冷的北部与相对干燥少雨的南部之间的差异。但是，正如我们将会看到的那样，还有许多其他重要条件与差异。所有这些条件共同造就了葡萄牙的魅力，塑造出1000万葡萄牙人。

虽然存在较多例外情况，比如塔霍河附近的埃斯特雷马杜拉，但由环境带来的各种困难，给葡萄牙大部分地区造成明显消极影响。土地是一个关键因素，尤其是土壤问题。土壤贫瘠影响农产量。加之地形崎岖不平，这意味着葡萄牙的部分地区特别不适合农垦。在葡萄牙本土最高的山脉地区埃什特雷拉山脉，情况尤为明显。但是，该问题并非为高海拔地区所独有。相反，人们时常能在葡萄牙各处看到突兀的石头从薄土中露出。

此外，尤其是在北部地区，斜坡往往极陡。这确实造就了杜罗河谷座座葡萄园的如画美景，但是，人们在斜坡上劳作起来特别困难，那里当然也无法进行机械化采摘。虽然人工采摘提高了成本，但出售波尔图葡萄酒所得的收益，也保证了这种做法经济合算。事实上，葡萄牙全境的大部分地区多陡坡，陡坡带来的种种问题又导致农场废弃、梯田荒芜、农庄空无一人。与此形成鲜明对比的是塔霍河附近郁郁葱葱的牧场平原，例如拉吉利亚。该地区以马匹育种、公牛育种闻名遐迩，这里选育出的公牛服务于人们喜闻乐见的斗牛运动。

20世纪，在欧洲经济共同体内的竞争压力与机械化挑战加剧的双重作用下，葡萄牙农业中某些固有的效率低下问题就暴露了出来。自1986年葡萄牙加入欧洲经济共同体后，它就承受着激烈竞争的压力。此外，由于欧洲其他地区的农业生产开始使用大型机械，葡萄牙面临的机械化挑战就变得越发明显。毕竟，在葡萄牙的石质地上进行机械化并不那么适宜。因此，陡坡上的许多田地无人耕种，麦田荒废特别明显。北部与贝拉斯农村地区人口锐减，情况尤为严重。这种情况如今依然存在。长期以来，葡萄牙内陆与沿海地区的二元性，一直都是这个国家的结构性特征。20世纪五六十年代的城市化同样加速了这一持续至今的进程。

许多其他方面也能说明环境带来的种种挑战。此外，这些挑战依然十分艰巨。火灾是个主要威胁，尤其是在2017年6月和10月，以及2019年7月。酷暑加之森林极其易燃的特性共同导致了此类大灾难。相比之下，洪灾已不那么严重。以前，洪水泛滥的问题一度十分严峻，尤其是在杜罗河上筑起水坝调节河水之前，还有诸如塔梅加河这样较小的河流也水患频仍。由于科英布拉的蒙德古河洪灾频发，圣克拉拉修道院在1677年被迫关闭，迁至山坡上的新址。塔霍河以前水患不断，尤其是在靠近圣塔伦的河段。诸如阿马兰蒂等临河城镇的高水位线是洪水留下的鲜明印迹。人们以前把聚居地建在河岸上安全的地方也是这个道理，例如杜罗河上的雷瓜。

葡萄牙人对葡萄牙的气候多有讥讽之词。他们说,一年12个月中有9个月是冬天,有3个月是炼狱。当然,天气太热,人们可做的事就少。而且,无论游客是否对酷暑习以为常,他们都最好调整好自己的节奏,尤其是但不仅限于夏天,特别是当他们深入南部地区之际。在南部,人们为赶走火辣辣的太阳,建筑物多由黏土砌成,外表再刷上石灰水。墙上极少开洞,这么做是不想让暑热涌入。此外,冬季至来年3月(有时持续到5月)及9月后这两个时段,葡萄牙北部时常暴雨连连。因为葡萄牙农业大多无灌溉之利,所以倘若无雨,绿色植被生长与农业将难以为继。与西班牙相比,葡萄牙的水利灌溉没有那么发达。

但是,在3—9月,葡萄牙有不少好天气。4、5月是一年中旅游的最佳时节。原因是,这两个月天气宜人,而夏季汹涌的人潮还未至。就近年趋势来看,6月也是旅游旺季之一。随着游客变少,9月也是个不错的选择。但是,9月仍有暑热之气,因为此时不如春季湿润。阿尔加维与马德拉群岛在冬季吸引了许多游客,但风暴频发且潮湿多雨的亚速尔群岛就没那么招人待见。对英国人来说,即便冬季葡萄牙中部、北部各地湿答答的,即便波尔图雨季时可能大雨倾盆、寒风阵阵,但与不列颠的寒冬比起来还是温和的。某年12月,我曾在里斯本及其周边地区度过美好的假期。当时,晴空万里,温暖宜人,我们舒舒服服地在户外享用午餐。

其实,葡萄牙全年都值得一游。如今,从暖气到空调的便利设施使现代游客免受许多困扰前人的不适。同样便利的还有用于食物冷藏技术、陆路快速食物配送,保障旅途畅通无阻的路面及迅捷的现代交通工具。这些进步缩短了空间距离,但葡萄牙的生活依然值得人们细细鉴赏与回味。

第二章

从石器时代到对罗马的战争

迦太基是古罗马的天敌。

早期人类定居葡萄牙

很久以前就有人类在葡萄牙定居。尽管其他欧洲国家早期人类活动情况扑朔迷离，但过去30多年的考古研究证明，早期人类曾在葡萄牙生活过。先有早期智人，后有尼安德特人，随后是克罗马农人。他们是晚期智人的始祖。有证据表明，尼安德特人与克罗马农人曾经共存。1999年，人们在里斯本以北不远处发掘出土了一具旧石器时代人体骸骨。这具骸骨的祖先就是尼安德特人或克罗马农人。

克罗马农人最初是穴居。这个人类种群分布范围广泛，他们使用石器与复合型工具，尤其是作为武器，并相应地开发出各种技能。埃什古劳洞穴位于阿连特茹省，洞内大约绘制于公元前15000年的洞穴画被保存了下来。同样经受时间冲刷的还有位于科阿山谷考古公园的洞穴画。正如在法国与西班牙的情形一样，动物在这些画中十分突出。人们可以在波尔图的苏亚雷斯博物馆内看到早期的雕刻。拉帕斯洞穴位于新托里什附近，新石器时代的人类就曾居住在那里。

随着气候变冷，人们不得不适应冰河世界带来的种种问题。冰盖覆盖了北欧大部分地区，但不包括葡萄牙。然而，葡萄牙还是受到气温骤降的影响：作物生长季节受到严重冲击，极地附近水流结冰导致海平面下降。

大约在公元前10000年，冰河时代结束，气温随之上升。与此前相比，环境变得特别适宜植物生长，因此在某种程度上也利于动物繁衍。人类从狩猎、采集活动中受益，人口也有所上升。但是，气候变化给体形较大的哺乳动物造成了恶劣影响，它们被猎杀，几乎绝迹。人们在阿兰卡斯附近已发现更早的以采集狩猎为生的原始人的遗迹。事实上，他们生活的时代可追溯至大约40000年前的中石器时代。人们开发利用苏特雷河口，还在那里寻找贝壳。这种做法也偶见于日本近海水域。

反过来，随着野生农作物的培育、种植，谷物栽培传播开来。当时，人们也驯养动物，他们开始放牧绵羊、山羊。结果，采集狩猎者与游牧者的生活交互重叠，并随即为定居的生活所取代。

多亏相对密集农业，长年有人居住的村落才有可能建立起来。例如，大约在公元前5000年，一座座村庄在下塔霍河河谷地区的山顶上落成，它们周围的环境给人们提供庇护。此类聚居地见证了手工技艺与贸易的发展，那里也有足够人力从事建筑工作与集体活动。

大大小小的石碑是当时留下的重要遗迹，其中就包括埃武拉附近的巨石，以及更常见的阿连特茹地区的石碑。最令人称奇的要数阿尔门德雷斯环形石阵。它是由95块花岗岩独石碑围成的一大片椭圆形场地。石阵位于埃武拉以西16千米处，周围是一座栓皮栎树林，附近有阿尔门德雷斯单体巨石以及欧洲最大的古墓（单室巨石墓）——赞布吉罗巨石墓。赞布吉罗巨石墓遗迹藏于埃武拉博物馆内。这些巨石显示出那个社会的精密复杂性，因为此类遗址是当时的人们举行典礼仪式、做天文学研究的场地。此类工艺品表明，彼时有相当高的社会组织水平。尽管考古学家到目前只发现了公元前2500年的永久性定居地，但人们还是在里斯本附近地区发现了更早的巨石墓室。

人们所知最早的葡萄牙聚落可追溯至青铜时代（公元前1100—前700年）晚期。这些住在最西端的人，在葡萄牙中部的山谷与河谷上修建起筑有防御工事的定居点。关于铜器时代的考古记录更多。当时，许多凯尔特人已越过比利牛斯山，约在公元前700年迁入葡萄牙。他们在山上建筑有防御工事的村落，例如圣蒂尔苏附近的桑芬什·德费雷拉。在这片用墙围起来的聚居地上，有近百间小屋。一个重要的典型就是位于布拉加与基马拉斯之间的西塔尼亚·德贝里泰罗斯。大约在公元前300年，村民就开始在那里生活。西塔尼亚·德贝里泰罗斯处于围墙的保护下，供水系统完善，条条铺砌的小路连接着聚居地内的150多间小石屋。人们参观此处遗址时还会看到一些重建的小屋，真的遗迹则藏于基马拉斯的马丁斯·萨尔门托考古博物馆中。这个博物馆是以挖掘遗址的考古学家的名字命名的。人们也可以在马丁斯宅邸内看到一些西塔尼亚·德贝里泰罗斯的遗迹。这座马丁斯·萨尔门托考古博物馆内收藏着凯尔特式石棺，以及来自该地区的凯尔伊比亚人公共浴室中的装饰石材。向西北部走，在维亚纳堡附近的圣卢西亚山上，人们可以参观另一处村落遗迹。再向南走，来到位于苏特雷河上的萨尔堡最初是铁器时代的山间堡垒，利尼亚里什、蒙桑图情况也是如此。

以上此类遗址的防御性质显而易见，尤其是在预防强盗这方面效果很棒。这些工事意在保护人身财产安全、守卫粮仓与牲畜。塔霍河上的阿莫洛岛所具有的种种防御功能也是为达到同样的目的。当时，那里有一处铁器时代的堡垒，后来被古罗马人攻占。当地许多博物馆都藏有重要铁器时代遗迹。沙维什地区考古博物馆内藏有青铜工具、研磨石（重要的碾米工具）以及首饰。位于布拉加的迪奥戈德索萨博物馆内存放着箭头、陶器与陪葬品。

人们难以断定凯尔特人与此地部落之间的交往关系。在不同文化群体之间，当时也许有许多交集，尤其是由于异族通婚的影响，但是，无论是哪种情况，人们要想对不同民族进行分类并加以研究，就会面对许多困难。沧海桑田也使得勘破谜团困难重重。

腓尼基人与希腊人

现有考古记录及后来的文献记载都将人们的注意力引向葡萄牙与外界的联系，以及外界对葡萄牙的干预上。但是，即便这些联系、干预是重要的，它们也让世人严重低估了葡萄牙自身发展所起的作用。约在公元前800年，腓尼基人在葡萄牙附近的加的斯建了一座贸易基地。因此，腓尼基人对葡萄牙的影响在铁器时代便开始显现。他们的目标是贵金属，尤其是铜、铁、锡与金银。这些贵金属往往让腓尼基人不虚此行，其中锡是生产青铜的重要原料。

腓尼基人在阿布尔与阿兰卡斯建立殖民地，他们的影响力不仅限于沿海地带，例如，阿拉迪加河是人们前往阿尔加维的河道。在这条河道上，人们运送用于出口的铜、铁原料。在瓜的亚纳河上的梅尔图拉，腓尼基人在内陆地区建起一个贸易点。再往北走，他们当时在萨尔堡还有另一处贸易点。这些地方后来都成了自治市，那里的居民在罗马帝国统治时期享有拉丁人公民权。腓尼基人用地中海地区的商品，如葡萄酒与纺织品，去交换贵金属。此外，贸易是技术传播与文化交流的途径。公元前8世纪，腓尼基人在里斯本建立了一个名为"宁静的港湾"的定居点，位于城堡山南坡。

那里似乎还有过一座希腊人的贸易站。公元前6世纪，希腊人似乎也在葡萄牙发展起自己的势力。他们的贸易类似于腓尼基人的贸易。事实上，在古典时代晚期，根据腓尼基人的传说，里斯本的拉丁语名"欧里斯帕"与尤利西斯在漂泊流浪时到过那里有关。

腓尼基人的影响源于迦太基的昔日辉煌。迦太基国位于如今的突尼斯附近，那里曾是一处欣欣向荣的腓尼基人定居点。迦太基后来成为一方霸主，并在西班牙南部、东部确立了自己的势力范围。但是，因为葡萄牙过于遥远，它的影响力鞭长莫及。不过，葡萄牙当时也许处在迦太基的商业影响之下。据说，迦太基曾试图征服葡萄牙，最终以失败收场。

古罗马征服

迦太基是古罗马的天敌。在第二次布匿战争（公元前218—前202年）中，古罗马征服了迦太基位于西班牙的工事基地与领地。此后，它显露出将自己的势力范围扩展至整个半岛的野心。自公元前208年起，罗马人以葡萄牙附近安达卢西亚的瓜达尔基维尔河谷为根据地，开始向近处的葡萄牙南部挺进。但是，罗马人发现推翻另一个异邦帝国（迦太基）的统治是一回事，使伊比利亚半岛其他地方俯首称臣又完全是另一回事。迦太基更便于进攻，因为它更集中在城市，尤其是港口地区，所以也就能采用围攻之术。伊比利亚半岛剩余部分的诸多目标要分散得多。这有助于人们理解古罗马耗时许久才攻下葡萄牙的原因。但是，这背后还有更重要的问题，比如罗马人的征服文化。具体而言，古罗马还有其他工作要做。在共和体制下的罗马一年选举一次执政官和法官，高官因此有了立军功的短暂机会。在理想状态下，他们能赢得胜利，并从战争中获利，其中也包括引入奴隶。因此，打胜仗、攫取战利品符合古罗马统治阶级精英的利益，但同时，他们还要让战火无限蔓延。同样的情况后来也出现在倭马亚人统治时期。事实上，倭马亚人本来可以在8—10世纪消灭北部众多的小国。但是，倭马亚人需要把它们当作长年假想敌，当作彰显自身穆斯林统治者实力的靶子。

再回到罗马征服耗时长久的话题上来。古罗马在击败迦太基后，卷入了与马其顿的一系列战争中。结果，古罗马控制了希腊地区。但是，连连战事耗去古罗马大部分精力。这种情况持续到公元前148年。当时还有一些其他重要战役，包括古罗马在东方更远处与塞琉西王朝安条克国王的战争（公元前192—前189年），以及对阵迦太基的第三次布匿战争（公元前149—前146年）。

在这个时期，古罗马在伊比利亚半岛小有收获。随后，在公元前139—前133年，古罗马又成功征服伊比利亚半岛大部分地区。卢西塔尼亚人似乎是凯尔特人的联盟部落，他们的活动区域位于塔霍河与杜罗河之间。自公元前194年起，卢西塔尼亚人坚决反对古罗马。尤其是在公元前147—前139年，他们在维里亚图斯的领导下，顽强抗击罗马人。但是，维里亚图斯死后，罗马征服了卢西塔尼亚人。据罗马人说，维里亚图斯在睡梦中被同伴杀害。他们此前被罗马人收买了。结果，因为罗马不与叛徒做交易，这些人得到的"奖励"是被处决。

罗马征服各地反而受当地支持，这种现象其他地方也有。自公元前138年起，欧里帕斯（今里斯本）这座城市就协助古罗马对抗卢西塔尼亚人了。同时，古罗马人也在此定居地修筑防御工事。公元前137年，古罗马军队向北进发，越过杜罗河，于次年抵达米尼奥河。结果表明，古罗马军队不愿渡河，因为他们担心这条河是"忘川"，即希腊神话中的遗忘之河。

公元前61—前60年，罗马驻西班牙总督尤利乌斯·恺撒在塔霍河以北（如今的葡萄牙）征战，击败当地诸部落。贝雅地区借恺撒的名字改名为"帕克斯尤利亚"。撇开征战胜利不谈，和帝国其他地方一样，罗马人还面临来自原住民与自己人的反叛。关于公元前45年恺撒在伊比利亚对阵庞培儿子们的屡次战役，一位罗马作家写道："由于当地人时常突袭，所有远离城镇的地方，都有塔楼与防御工事坚守……里面都有瞭望塔。"

直到公元前17年，西班牙西北部及葡萄牙北部仍在反抗罗马人的征服。这给罗马政论家们留下了深刻印象，他们借机歌颂罗马的丰功伟绩。19世纪，这种反抗引起评论家与艺术家们的兴趣。这些人致力于寻找一个堪称楷模的罗马征服之前的民族起源，他们想要找到不同于罗马征服之前的西班牙的诸部落。但是，后来出现一种明显的转向，即宣称葡萄牙对罗马遗产的继承，以及在中世纪时对摩尔人最终成功的抵制，而非聚焦于对罗马人的反抗。抗击摩尔人被葡萄牙人塑造成基督教的典范。罗马军队一方面遇到敌人的顽强抵抗，另一方面不得不应对环境的重重挑战，尤其是山区作战、天气问题与后勤保障的缺乏。

罗马的统治

当罗马人完全征服了伊比利亚半岛时，后来成为葡萄牙的大部分地区已并入罗马帝国版图之中。伊比利亚半岛是重要的食物和矿物产地，例如产自波尔图附近的黄金。罗马人兴建大型农庄（大庄园），发展葡萄栽培技术，种植谷物与橄榄。羊毛与马匹也是出口意大利及帝国其他地区的重要商品。这些庄园也许与宅邸相连，其中一个很好的例子就是公元1世纪在新托里什附近的卡迪利奥别墅，里面的公共浴室与马赛克图案都保存下来。

当时，罗马人广泛修路铺道。他们最初的目的是行使权力和显示权威，尤其出于调遣军队征伐平叛的打算。莫什港附近的一条罗马古道已成为步道。条条道路构成网络体系。诸如布拉卡拉·奥古斯塔（布拉加）这样的交叉路口在当时成为重要定居地。反过来，这些地方当时对经济发展产生重要影响，尤其是大大促进了商品流通。道路从布拉加经欧里斯帕，通向西班牙的阿斯托加。欧里斯帕是普林尼生活的时代罗马唯一的自治市。彼此连通的桥梁令人赞叹，它们是罗马帝国的重要组成部分。从布拉加到阿斯托加途中，蓬蒂迪利马的罗马桥主体部分可追溯至14世纪，有一部分古罗马桥体保存至今。位于沙维什的罗马桥全长140米，建成于公元104年，它有多座拱门与两座里程碑，这座桥今天依然存在。

罗马统治下的葡萄牙因为没有毗邻地中海，不如西班牙大部分地区那样完全融入罗马帝国。作为罗马省份的卢西塔尼亚，包括后来成为葡萄牙的大部分地区以及西卡斯蒂利亚。卢西塔尼亚的省会是"埃梅里塔·奥古斯塔"，即今西班牙的梅里达。在某种程度上，当地剧院、圆形竞技场与戴安娜神庙的规模反映出在葡萄牙所征收的税额之巨。

然而，多亏了现代波尔图、里斯本、阿兰卡斯与阿尔沃尔这些港口，人们可以直接从葡萄牙将商品出口到国外。例如，人们把食盐从维拉杜康德镇贩卖出去。此外，当时葡萄牙还有一些相当重要的罗马建筑工程，尤其是科英布拉附近的克里姆布里加。那儿最初是凯尔特人定居地，后来成了从里斯本去往布拉加之间的一座中转之城。游客可以在那里看到公共浴室与豪华别墅的遗迹。这些地方有精美的马赛克地砖，尤其是巨大喷泉屋中的地砖。在罗马统治时期，里斯本人口也许有近3万。最近，葡萄牙商业银行在里斯本工地发掘出一座古罗马腌鱼厂遗迹。人们可以在努克莱奥考古博物馆中看到这些文物。鱼酱在当时是罗马菜的重要原料，并为里斯本带来了财富。在特罗亚附近的塞托布里加镇，人们也有腌鱼的习惯。游客可以在路边看到许多石槽。里斯本还有一座古罗马剧院遗址，这座剧院可追溯至公元57年。剧院的附属博物馆向人们提供了相关信息。但是，罗马统治下的里斯本大部分地区已经被毁，并为其他建筑所覆盖，踪迹难寻。

建筑物集中在城市里，城市强迫人们建造罗马式房屋。城市是政府管理、古罗马宗教崇拜的中心。城市还是在乡间创造的财富的最终流往之地，尤其是以赋税、租金及开销的形式。地主们往往也生活在城里，在那里，人们穿罗马长袍、说拉丁语。因此，克里姆布里加当时有一座公共广场与一座综合性洗浴设施。同时，在埃武拉，游客也许能看到古罗马公共浴室遗迹（1987年才被发现），并参观通常被人称作戴安娜神庙的地方。布拉加有数不清的遗迹，包括剧院与许多公共浴室的遗迹，都可追溯至2世纪。人们还能在布拉加看到1世纪的神像喷泉。这座喷泉与当时的水崇拜有关，用来供奉当地的神——"汤格恩比亚格斯"。波尔图亲王府中也有古罗马时期的地基与马赛克镶嵌画。

大多数现代城市起源于古罗马时期或由凯尔特遗址经古罗马发展而来。因此，莱里亚在古罗马时代名叫"科利波"，而法鲁则名叫"奥索努巴"。法鲁考古博物馆内收藏着一幅令人叹为观止的古罗马马赛克。诸如圣塔伦（当时名为"斯卡拉比斯"）之类的许多地方当时是区域行政之都。但是，一些古罗马城市并没有这种遗迹。"伊基塔尼亚"的前身只是一个叫作"伊达涅阿维烈"的小村庄，但是，那里的教堂仍保存着大量古罗马拉丁铭文。人们也能在乡间别墅中觅得古罗马遗迹。例如，在贝雅附近的皮索埃斯，游客可以看到那里的马赛克与公共浴室。

与帝国其他地方的情况一样，当时，罗马化进程在山区和远离城市的地方，在人们疲于维持生计和放牧的地方要缓慢得多。葡萄牙大部分地区都是这种情况，而且这种特征贯穿于葡萄牙历史。但是，这些地区也有一些古罗马遗迹。例如，虽然人们不知道其功用，但是名为"百心堂"的古罗马塔楼在下贝拉省保存了下来。

葡萄牙当时受到了罗马帝国整体发展的影响，从政治变革到疾病传播都有影响。人们对葡萄牙的了解也传播开来。因此，在希腊地理学家斯特拉波（约公元前63—24年）所著的《地理学》一书中就提到过葡萄牙。斯特拉波生于如今的土耳其，他在《地理学》中写到当时人们已知的世界。斯特拉波称，伊比利亚半岛的财富引来征服者们的争夺。他还说，由于海洋性气候的影响，伊比利亚气候温和。斯特拉波提到铜、金、盐与布料的生产，伊比利亚大多数地区土壤贫瘠，北部地区天寒地冻、崎岖不平。老普林尼在《自然史》中写道，当时从比利牛斯山到杜罗河的整片地区"满是金、银、铁、铅与锡矿"。他提到，人们在塔霍河中找到含金的沙子，而且里斯本以"在和煦西风中受孕的母马而闻名"。约在公元43—44年，从直布罗陀附近来的作家庞波尼乌斯·梅拉写到过塔霍河中的宝石。

随后的变化包括新兴宗教的传播，例如密特拉信仰。公元132年，巴基斯坦反叛遭到镇压，犹太人流离失所。随着犹太人的大离散，古老的犹太教发展壮大，后来它也以基督教的新形式迅速地传播。312年，基督教成为罗马帝国国教。它迅速扎下根来，并在后来帝国的许多城市中留下鲜明印迹，在那里建起一座座教堂。大约在公元300年，阿兰卡斯（萨拉提亚）出现了一位主教。布拉加肯定在公元390年左右有过一位主教。位于里斯本的努克莱奥考古博物馆内藏有一座5世纪的墓地遗址。教宗达玛稣一世（366—384年在位）虽出生于罗马，但其父母来自卢西塔尼，或伊基塔尼亚。

"蛮族"的侵扰在3世纪60年代愈演愈烈。为抵御"蛮族"进犯，后来成为葡萄牙的许多城市在当时都筑起层层防御工事。人们在克里姆布里加建起一堵巨墙，横穿城镇中心。罗马帝国内部的政治、财政与经济也动荡不安。在波斯图穆斯的领导下，以高卢（法国）为大本营出现一个反叛罗马的帝国，而葡萄牙短暂地成为了这个帝国的一部分。但是，奥勒留（270—275年在位）再度统一罗马帝国，并带来某种程度的复兴。

罗马皇帝戴克里先（284—305年在位）为强化管理重新划定省界，并推行共主体制，把伊比利亚半岛与意大利及北非连起来。但是，这并未能带来持久稳定。相反，它预示着东西罗马帝国在公元395年的长期分裂。伊比利亚半岛属于更易受到进攻、物资相对匮乏的西罗马帝国。409年，日耳曼部落联盟入侵伊比利亚。他们是公元前1700—前500年的北欧青铜时代里在斯堪的纳维亚半岛崛起的"蛮族"。随后，他们向南迁移，成为一个游牧部落。

古罗马对葡萄牙的影响仍然存在，但已被大大削弱。与英国一样，在410—419年，葡萄牙与古罗马的政治军事联系中断。419年，里斯本惨遭西哥特人蹂躏。469年，它又被苏维汇人所占。468年，苏维汇人摧毁了令人惊叹的城市克里姆布里加。

古罗马的遗产

虽然"蛮族"征服与后来的结果在很大程度上使"遗产"一词蒙上了一层阴影，但是古罗马统治依然给人们留下了拉丁语、基督教、城市框架、统一体验与许多遗迹。这些遗迹不仅如今依然让人感到惊艳，当时还限定了历代古罗马继任者的想象力。考古学让我们对古罗马统治下的葡萄牙的认知加深，为游客留下许多可供参观的遗址，还在博物馆里向人们提供更多畅想的素材。有待挖掘的地方还有很多，包括位于克里姆布里加的遗址。

虽然古罗马统治的遗产当时对葡萄牙至关重要，但人们在当时及现在都觉得，这种遗产远不如在意大利甚至是西班牙那般让人印象深刻。相反，与不列颠一样，后来成为葡萄牙的地方吸收了古罗马遗赠，并借它来为古罗马的殖民统治辩护。更确切地说，人们对罗马统治的行政遗产不屑一顾，转而聚焦于中世纪时期国家形成的那几个世纪。

就葡萄牙而言，这个过程当时更加明显。因为，在古罗马统治结束后的700多年葡萄牙才成为一个独立国家。与之相对，在古罗马统治时期，西班牙才是伊比利亚半岛的霸主，而葡萄牙只是仆从罢了。此外，古罗马统治下的葡萄牙没有出现一个皇帝，而西班牙却培养了图拉真与哈德良。

后来的葡萄牙作家没有特别关注古罗马统治时期，也不太关心古罗马的持续影响，葡萄牙文化的其他方面也是如此，今天的葡萄牙历史书亦然。即便是作为古罗马时期重要事件而存在的基督教，也被剥离了与古罗马统治间的依附关系。在很大程度上，这是因为人们转而强调葡萄牙基督教是驱逐摩尔人后的产物。因此，苏维汇人与西哥特人统治的后罗马时代也被轻描淡写了。另一种观点是葡萄牙的起源其实是在12世纪，而且话题主要集中在驱逐摩尔人上。

其他欧洲国家回溯远古起源，最爱夸耀的就是古希腊，相比之下忽视了值得关注的其他时期。但是，这不是葡萄牙的作风。事实上，古罗马统治的主题并不真的受人欢迎。因为它不仅聚焦于异邦统治，还将关注点放在西班牙统治或由西班牙占主导的伊比利亚半岛统治上。正如在古罗马人的统治下一样，这是伊比利亚半岛上独有的统治模式。

第三章

半岛上的三种征服者

与摩尔人的战争塑造了葡萄牙和西班牙。

苏维汇人的入侵

起初，苏维汇入侵者在伊比利亚半岛西部恣意驰骋。这群"蛮族"曾向西罗马帝国皇帝霍诺里乌斯宣誓效忠，并在410—585年建起一个小罗马王国。5世纪50年代，有扩张倾向的西哥特人限制了苏维汇人的领土范围。西哥特人是另一支入侵的"蛮族"，他们把苏维汇人赶至葡萄牙北部及加利西亚。这是当时更普遍的民族冲突的其中一个表现。这个过程也见于意大利、法兰西、英国与苏格兰，但是它对后来人所谓的"国家"与"民族"的建立至关重要。那些热衷寻找葡萄牙独立于西班牙源头的后世作家常强调苏维汇人与西哥特人之间的不同。但是，随意地对比这些现象是有失客观公允的。

布拉加成为苏维汇人的首都。563年、572年与675年，为规范人们的行为，教会在布拉加召开教会会议。在572年召开的教会会议上，有12位主教参与其中共商大计。5世纪中叶，布拉加一跃成为基督教首都大主教教区，地位显赫。但是，苏维汇人几乎很少为人所知。

西哥特人的影响

6世纪，苏维汇人受到内部分歧的影响开始皈依天主教。关于这一过程，史学界有几种不同说法，但都归于6世纪末西哥特人与当地人的融合——585年，最后一位国王被他的西哥特对手莱奥维希尔德废黜，当时苏维汇人统治下的加利西亚成为西哥特王国的第6个省份。自624年起，西哥特人控制了除巴利阿里群岛外伊比利亚半岛上的所有地方。

葡萄牙因此再度成为一个更强大国家的一部分，不过它的主子不再是意大利人。西哥特人沿用古罗马行政体系，继续使用拉丁语，并放弃阿里乌派异端，改为支持罗马天主教。

虽然"西哥特"这个词用在建筑学等领域仅仅是一个时代标志而非种族标志，但是西哥特时期为人们留下许多教堂与金银首饰等遗产。这些教堂、拱门之类的建筑之所以被称为西哥特的，只是因为它们的建造时期使然。此外，"西哥特"这个术语在当时并不是指这个时期，当时它的含义是"哥特式的"，比如："氏族与国家是哥特式的。"

鉴于此，许多博物馆都收藏着西哥特遗迹，包括科英布拉博物馆。在杜罗河附近的巴尔斯莫有一座西哥特小教堂，它也许可以追溯至6世纪。小教堂的科林斯式立柱与圆拱，体现出过渡时期的建筑风格。贝雅在一座教堂的基础上建起一座西哥特博物馆，那座教堂的立柱就是西哥特式风格。在附近的梅尔图拉，有一处西哥特遗址及一座早期基督教堂。它们建于中世纪并在后来改成了西哥特时期。中世纪也给人们留下许多圣徒的典故。例如，纯属虚构的人物圣伊里娅（约635年—约653年）。据说，这位修女因坚守贞洁惨遭杀害。死后，她成为她的故乡托马尔的守护神。斯卡拉比斯镇的名字也因她更名为圣塔伦。

但是，大大小小的教堂被摩尔入侵者攻占、毁坏或改建。大约在585年，伊达涅阿维烈的罗马式大教堂被改建为一座清真寺。西哥特遗产在很大程度上只存在于考古记录中，而且这种遗产数量也不多，因为那个时期相对贫困。诚然，西哥特人的遗产与罗马人、摩尔人的遗产相比毫不起眼。但是，罗马人与摩尔人掌权的时间也更长。抛开贫困不谈，国家与教堂的收入当时都被东移至西哥特权力中心，尤其是西班牙托莱多。

26

摩尔人的征服

在公元711年及以后，伊比利亚半岛迅速落入摩尔人手中。这是摩尔人军队许多场惊心动魄的胜利中的一场。长期以来，关于信奉基督教的伊比利亚半岛陷落的原因，都被扯上宗教与道德。"上帝在考验他的子民"以及"反基督者来临"是重要观点。在一个关于复仇与背叛的故事中还包括了审判的主题，这个故事是：最后一位国王罗德里克所犯下的强奸罪行，他的罪行影响了历史。事实上，西哥特人的失败是摩尔人的优势与自身劣势共同起作用的结果。西哥特人的劣势尤其体现在内部分歧及其他军事任务上，包括他们对顽强反抗的巴斯克人挑起的战争。

作为更广泛的伊斯兰扩张过程的一部分，摩尔人军队在711年越过直布罗陀海峡，并于同年或次年击杀罗德里克。随后，摩尔人军队迅速接管伊比利亚大部分地区。进一步的扩张活动也迅速让摩尔人军队对阵了中国唐朝军队。摩尔人继续向法国进犯。与伊比利亚西北部情况不同，法国南部地区是易进攻的靶子。虽然摩尔人最初赢得胜利，但在732年或733年，他们在图尔遭遇惨败。摩尔人痛失重要将领，他们被逐出法国。759年，摩尔人失去主要城市纳博讷。

与此同时，坎塔布连山脉像一道屏障保护着伊比利亚北部，尤其是西北部地区，使摩尔人不敢进犯。这种庇护是中世纪的葡萄牙与西班牙发展壮大的基础。与摩尔人的战争塑造了这两个国家，它们在很长一段时间内都把大本营建在北部。同时，当时摩尔人对北部荒凉的土地也不太感兴趣。相反，在摩尔人的统治区域，大多数基督徒忍受着赋税盘剥与劳力压榨。他们最终选择接受摩尔人的文化、语言。伊斯兰化进程似乎在10世纪加快了。

摩尔人的统治

在科尔多瓦的倭马亚王朝统治下，西班牙的财富聚集在南部，尤其是瓜达尔基维尔河谷。在哈里发阿卜杜勒·拉赫曼三世（912—961年在位）及其杰出的继承者哈卡姆二世（961—976年在位）的统治下，科尔多瓦在10世纪中叶迎来鼎盛期。与此同时，基督教进攻者被打回到杜罗河流域，科英布拉也于955年光复。

摩尔人在后来成为葡萄牙的地方建起一系列定居地，尤其是在里斯本（当时称为阿尔·乌什布纳）与锡尔维什。在阿尔·乌什布纳，如今城堡旧址上曾有一座宫殿，而"阿尔法马"这个地名是因为里斯本是摩尔语"阿尔玛"（温泉）的变体。锡尔维什位于阿尔加维的阿拉德河上，当时叫谢尔布。地理学家伊德里西说它美丽富饶、人口稠密。考古学家在那里挖掘出摩尔人遗迹，尤其是城堡中带有拱顶的水塔、考古博物馆内收藏的水井与墙体，以及大教堂覆盖下的清真寺。但在1189年，基督徒洗劫了锡尔维什。人们可以在许多地方看到摩尔人的水塔、水井，比如在辛特拉的摩尔城堡中。

当时，人们纷纷引入摩尔人的农作物、方式方法与词汇，其中有水稻、藏红花与柑橘类水果的名称；诸如"水稻"之类的新词汇；水磨的使用，以及包括"阿尔加维"在内的地名。在阿尔加维，烟囱的样式与装饰体现了摩尔风格的影响。葡萄牙全境内的半圆柱形屋顶瓦片与琉璃瓦都来自摩尔人。虽然摩尔人的足迹远抵北部，但是他们主要定居在阿尔加维、塔霍河谷与阿连特茹。南部温和的气候吸引着他们，而且，那里的农庄、城镇已构成布局巧妙的陆上风光。相比之下，在科英布拉以北，甚至在杜罗河以北都极少有摩尔人定居地。

科尔多瓦酋长国面临着来自伊比利亚半岛北部势力不断扩张的基督教国家的压力。后来成为葡萄牙的国家，当时指的就是莱昂王国。但是，更重要的是，科尔多瓦的内部分歧（尤其是柏柏尔人与其他种族间的矛盾）是由争夺哈里发的称号而引起的。1009年，科尔多瓦内战爆发。哈里发统治的国家因此分裂成许多独立小国，其中最突出的是以塞维利亚为根据地的王国，它渐渐在西班牙南部崛起，范围还包括阿尔加维。在它西北面的是巴达霍斯王国。巴达霍斯的首都也在现代西班牙境内，它的领土范围包括里斯本与今葡萄牙中部地区。哈里发的分裂让一众基督教王国有机可乘，它们抓住机会，加紧开展收复失地运动。

迫于基督徒的压力，一些对独立不再抱有幻想的摩尔人在1086年找来了穆拉比特人。穆拉比特人是刚刚皈依不久的撒哈拉沙漠中的柏柏人。他们利用倭马亚王朝瓦解后形成的权力真空，在11世纪60年代趁机占领摩洛哥。他们控制了大部分独立王国。1094年，巴达霍斯落入穆拉比特人之手。但是在11世纪90年代，一些信伊斯兰教的西班牙地区反抗穆拉比特人的接管。这在很大程度上导致基督徒与摩尔人携手合作。

1139年，据说莱昂国王阿丰索六世的外孙阿丰索·恩里克斯在圣詹姆斯的帮助下取得奥里基大捷。多亏了这次胜利（这是下一章要讨论的），葡萄凯尔郡成为一个王国。自1143年起，葡萄凯尔建都于科英布拉，而不是像阿丰索在1128年所宣称的那样，在更北边的基马拉斯。穆拉比特人面临着伊比利亚半岛全境范围内基督徒的压力，同时也受到王朝纷争的影响。12世纪50年代，他们被穆瓦希德人推翻。穆瓦希德人是什叶派柏柏尔人，他们此前在40年代就已经攻克摩洛哥。穆瓦希德人继而攻下信奉伊斯兰教的西班牙剩余地区。他们为摩尔人的反抗注入了新活力。

建筑与装饰艺术上的差异，标志着摩尔人统治的不同时期。与早期的科尔多瓦王国相比，穆瓦希德人的建筑风格更加简洁明了。

13世纪，摩尔人被击退。他们的败绩与穆瓦希德帝国的崩溃有关。1224年，优素福二世战争失败后，穆瓦希德帝国王位继承导致争端四起。为镇压马里尼德叛乱，穆瓦希德军队转战摩洛哥。信奉伊斯兰教的伊比利亚因此变得四分五裂，基督徒们趁机在当地寻找盟友，其中的穆拉比特人、穆瓦希德人与马里尼德人表明，葡萄牙历史在很大程度上受到北非势力变化的影响。因为，这些变化破坏了信奉伊斯兰教的伊比利亚半岛的稳定。这种联系有助于我们理解后来葡萄牙对摩洛哥命运的关注。1242年，靠近阿尔加维海岸的塔维拉镇被基督教军队指挥官派昂·佩雷斯·科雷亚攻克。7年后，法鲁也陷落了。这十年，意味着摩尔人对葡萄牙统治的终结。

摩尔人的遗产

与葡萄牙较早期的历史一样，摩尔人统治下的葡萄牙没有给我们留下能引起共鸣的历史形象。与现代西班牙相比，葡萄牙明显不同，尤其是现在往往忽略了不同教徒之间的合作。这种情况在西班牙也是有的，即人们对"安达卢斯"的兴趣。而且，在葡萄牙也没有像在摩尔人统治下的西班牙那样，有规模宏大的历史遗迹留存下来，比如格拉纳达与科尔多瓦的遗址；后来，也没有西方作家与艺术家以文学、艺术为这些地方歌咏吟唱。此外，摩尔人对西班牙的统治到1492年才结束，这比摩尔人统治葡萄牙的时间多了250年。1568—1570年，摩尔人还在西班牙掀起一场大暴动。因此，相比葡萄牙，摩尔人在西班牙历史上留下更多回响。

这些方面有助于解决针对葡萄牙历史中摩尔人统治的时期是否存在的偏见问题。鉴于那一时期对当下的葡萄牙并无明显影响，这样的批评值得怀疑。如今，葡萄牙也没有太多伊斯兰少数族裔，也就不涉及历史叙事的问题。葡萄牙与西北非在政治、文化上的联系也不紧密。游客们可以规划出以葡萄牙摩尔遗址为主的旅行行程，但是这些地方相对较少。因此，有这方面兴趣的游客，不妨前往西班牙南部一探究竟。在某种程度上，这反映出摩尔人统治下的葡萄牙不仅处于整个摩尔文化圈的边缘，而且也处于以西班牙南部和延伸至伊比利亚半岛与摩洛哥的摩尔帝国边缘。这种边缘化，理所当然地将人们的注意力转向推翻摩尔人统治后崛起的独立基督教国家葡萄牙，二者之间似乎没有多少继承关系。

第四章

阿丰索王室的奋进

阿丰索三世用新筑的防御工事来保护国家免受卡斯蒂利亚王国侵扰。

在摩尔人的阴影下

葡萄牙北部的坎塔布连山脉为基督徒提供了庇护。这种庇护是中世纪伊比利亚半岛发展壮大的基础，他们与摩尔人的战争塑造了整个半岛。基督徒在文化、政治与宗教上都抵制摩尔人，他们试图强调与西哥特人之间的继承关系，并通过西哥特人继而与罗马人形成呼应。因此，奥维耶多的佩拉约主教（1098/1101—1130年在位）宣称，在阿斯图里亚斯王朝（约718—910年）时期，主要圣物被从西哥特首都托莱多带到北部。但是，他的说法并不真实，只是为了强调继承关系而虚构的部分事实而已。单独看来，西哥特法律的实施依然是伊比利亚半岛北部王国的标准做法。半岛北部地区也建起了修道院。艺术图案在这个时期发展起来，它们与基督教图案有所关联。因此，罗马式马蹄形拱是自9世纪起兴建的教堂的特色。

当时的宗教信仰，给如今的葡萄牙留下了各种各样的故事、形形色色的宗教团体。在纳扎雷，人们能在巴洛克风格的拿撒勒圣母教堂内看到一座据称出自圣约瑟本人之手的圣母雕像。人们也能看到关于当地传说的画作。这个传说讲的是1182年圣母救下当地一位因追鹿险些掉入深渊的贵族的故事。人们在原址建起了一座小教堂以示感谢。里面安放着一座圣母雕像。再往南走，埃什皮谢尔角凭借一幅13世纪圣母骑驴出海像成为朝圣之地，时至今日依然游人如织。

但是，直到摩尔人被赶到南部以前，连绵战事让北部遭受严重破坏。随着基督教小公国为行使职权而展开的权力争夺，各国内部与彼此冲突不断。权威的合法性在很大程度上基于权力，这导致公国之间相互倾轧没完没了。在建立了封建制度却没有任何实质凝聚力的军事独裁社会中，情况更甚。此外，确立王位继承惯例的难度，影响了合法性，更别说规则了。这种争权的情况普遍见于中世纪基督教世界。对于葡萄牙而言，问题甚至持续到19世纪早期。

然而，矛盾的焦点主要集中在这些基督教公国与摩尔人之间。摩尔人的突袭长期以来都是这些公国中人们日常生活的重要组成部分。摩尔人突袭的首要目的是获得战利品，特别是奴隶。后来当然也有意识形态目的，尤其是为了惩罚不信教者。男人们希望通过军事行动来建功立业、彰显男子气概，这一动机也十分重要。

南进运动

基督教公国对突袭也进行了抵抗，798年在里斯本的战斗也挫败了它们向南的领土扩张与政治野心。9世纪，阿斯图里亚斯向南扩张，成为莱昂王国。维马拉·佩雷斯是国王的封臣。868年，当他攻克杜罗河以北包括波尔图在内的区域后，维马拉获封葡萄牙伯爵。他创建筑有防御工事的城镇维马拉尼斯，即今基马拉斯。今天，人们在波尔图大教堂外可以看到他的雕像。波尔图的一条主干道也是以他的名字命名的。莱昂王国的第二代葡萄牙伯爵是他的儿子卢西迪奥·维马兰尼斯。同时享有伯爵封号的，还有埃梅内吉尔多·古铁雷斯。这两大家族长期统治着伯爵领地，直到11世纪。这个时期在历史上几乎不为人知。因此，为了理解它，人们有必要留意特许状中提到的几个人。葡萄牙来自葡萄凯尔，后者是基于杜罗河口上的两个古罗马定居地，即波尔图斯与卡尔。波尔图斯后来演变成波尔图。

10世纪，科尔多瓦继续侵扰伊比利亚半岛北部地区，再度占领科英布拉，但在11世纪，基督教诸公国开始利用1009年科尔多瓦内战爆发的时机，日益掌握主动权。到1000年，波尔图已被重新占领。随后，1040年，布拉加被拿下；1057年是拉梅古。1064年，卡斯蒂利亚与莱昂国王费迪南一世占领科英布拉。

　　来自维马拉·佩雷斯家族的最后一任葡萄牙伯爵是努诺·门德斯。他试图争取更大的自主权，结果在1071年佩德罗索战役中被打败并处决。胜利者是加利西亚国王加西亚二世。他是费迪南一世与莱昂公主桑查的第三子及继承人。桑查在莱昂的遗产包括后来加西亚获得的土地。加西亚因此自称"加利西亚与葡萄牙国王"。他是第一个自称"葡萄牙国王"的人。1065年，加西亚继承了土地遗产。加西亚的领土南抵蒙德古河，他还从巴达霍斯与塞维利亚的阿拉伯统治者处接受朝贡。在统治期间，加西亚恢复了包括布拉加与拉梅古在内的主教辖区。

　　但是，加西亚在1071年遭到二哥莱昂国王阿丰索六世（1065—1109年在位）的进攻。阿丰索六世攻打葡萄牙，结果在1072年被他们的大哥卡斯蒂利亚国王桑乔二世（1065—1072年在位）打败。在前一年，阿丰索六世与桑乔二世一起撵走了弟弟加西亚。在熙德（意为"上帝"）的帮助下，桑乔二世加冕为莱昂国王。但就在同年，他被刺客用他自己的佩剑杀害。阿丰索重获王位，因为他终身挟持着加西亚，所以能再度统一费迪南一世的王国。加利西亚被并入莱昂与卡斯蒂利亚，而不是成为葡萄牙的一部分，或许这种情形更合理。

　　许多11世纪的城堡保存至今，包括佩内拉的一座雄伟的城堡，以及一座阿罗卡的城堡。11世纪末，基督徒攻占葡萄牙中部大部分地区。但在1086年，穆拉比特人在巴达霍斯以北的萨拉卡战役中获胜。这给基督徒带来了沉重打击，阻止了他们前进的步伐。1108年的乌克莱斯之战也有同样效果。与法国战场上对重骑兵的倚重不同，葡萄牙与西班牙一样更加善用轻骑兵。事实表明，在与摩尔人的战争中，轻骑兵战绩更佳、成本更低，也更能适应燥热的气候。

阿丰索六世的长女乌拉卡继承王位。乌拉卡女王嫁给勃艮第王子雷蒙德，他们的儿子是阿丰索七世（1126—1157年在位）。在他的统治下，莱昂王国变得格外强大。阿丰索七世继承了大一统的莱昂、卡斯蒂利亚与加利西亚王国，与他的外祖父和母亲一样加冕成为西班牙国王。他攻打穆拉比特人，将自己的势力范围向南拓展到塔霍河流域，反过来侵扰南边很远的地方。

阿丰索七世将原来统一的王国平分给了两个儿子。因此，1157年，卡斯蒂利亚从莱昂分离出去。在阿丰索·恩里克斯（阿丰索一世）的领导下，葡萄牙已于1143年完全独立。阿丰索·恩里克斯击败摩尔人军队，成为1139年奥里基战役的胜利者。他是勃艮第的亨利之子、勃艮第公爵罗伯特一世之孙。在11世纪，亨利为打拼事业来到卡斯蒂利亚，并娶特里萨（阿丰索六世的私生女）为妻。因此，阿丰索一世是阿丰索六世的外孙。亨利是勃艮第的雷蒙德的弟弟。1086年，阿丰索六世寻求外援共同对付穆拉比特人，许多勃艮第人也因此来到葡萄牙。1096年，阿丰索六世封亨利为葡萄牙伯爵。1112年，特里萨在丈夫去世之际，在阿斯托加被围期间继承了葡萄牙伯爵的封号。

走向独立

1127年，阿丰索·恩里克斯奋起反抗他的母亲特里萨女伯爵。1128年，阿丰索在基马拉斯附近的圣马梅德战役中打败母亲，确立统治。1129年，他自封为王子。接着，他把矛头对准摩尔人。1135年，阿丰索攻下莱里亚，并于1139年在奥里基打了一场大胜仗。1143年，阿丰索在拉梅古召开议会，确立自己作为国王阿丰索一世的地位。1140或1141年，阿丰索取得瓦尔德维什大捷。在此基础上，双方签订《萨莫拉条约》（1143年）。根据条约，在阿丰索一世的堂兄阿丰索七世统治下的莱昂王国，很不情愿地承认葡萄牙拥有独立主权。1179年，教皇亚历山大三世承认阿丰索一世的国王头衔。上一任教皇卢修斯二世之所以拒绝认可阿丰索一世，是因为他不想看到伊比利亚半岛四分五裂。卢修斯二世希望半岛能团结一致，共同对抗摩尔人。国王身份获得教皇认可至关重要。这不仅因为此举可使阿丰索一世摆脱西班牙统治者的控制，而且与政治权威在世人眼中日益具有世袭性的过程有关。这种世袭性与在个别君主与父权王朝统治下，更长时期内领土的巩固有关。

战争曾是这一时期重要的主题，这反映在一些留存至今的建筑物上，例如莱里亚的城堡。阿丰索一世为主教在科英布拉辖区建起一座罗马式大教堂，教堂有开垛口与窄窗，所以它也可以用作堡垒。1147年，阿丰索向南挺进，这后来变成葡萄牙历史上的一次重要军事行动。阿丰索从摩尔人手中夺回里斯本、圣塔伦与辛特拉。1148年，莫什港也被阿丰索攻占。前往圣地的英国十字军在里斯本之围中发挥了重要作用。1185年，在阿丰索弥留之际，边境在南边很远的地方。1162年，贝雅沦陷；1165年，埃武拉沦陷；1170年，奥利文萨沦陷。1166年，埃武拉成为主教领地。

许多历史建筑见证了这个过程。埃武拉有一座"无畏骑士"吉拉尔多的雕像。他是葡萄牙版的熙德，曾砍掉一个摩尔人的脑袋。埃武拉把吉拉尔多的形象刻在自己的纹章上。埃武拉中心广场"吉拉尔多广场"，也是以这位勇士的名字命名的。吉拉尔多还占领了特鲁希略与卡瓦雷斯。但是，葡萄牙的扩张导致它与莱昂国王斐迪南二世之间的较量。结果，1169年，二者发生冲突。斐迪南攻占葡萄牙最近获得的一些领地。1172年，吉拉尔多继续前进，占领贝雅。之后，他与阿丰索一世闹起别扭。像西班牙熙德一样，吉拉尔多开始为哈里发效力。

葡萄牙在教会方面已经独立于西班牙。葡萄牙北部部分地区业已处于圣地亚哥－德孔波斯特拉主教辖区控制下。在那里，圣詹姆斯的圣物让该主教辖区变得更加强大。托莱多是古西哥特的大主教辖区，它在1085年光复。托莱多是另一处基督教会的权威之源。但是，1110年，布拉加恢复此前的大主教辖区地位，也就不再听命于托莱多。二者关系本就不睦，这是后来葡萄牙独立于西班牙过程中的一个关键性因素。神职人员在文化、社会层面享有重要地位，此事影响深远、意义重大。1390年，为建立里斯本大主教辖区，布拉加省被分割。当时，里斯本已是王国中最大的城市。1256年，阿丰索三世宣布里斯本为新首都，取代旧都科英布拉。1173年，当圣文森特的圣物从阿尔加维被转移到里斯本时，它的地位就逐渐显赫起来。圣物是一种重要的地位合法化形式。勃艮第的亨利曾将里斯本的摩尔堡垒改造成一座王宫。国王在驱逐摩尔人的过程中发挥了重要作用，因此葡萄牙教会很听国王的话。

在穆瓦希德人的统治下，摩尔人当时有某种程度的反扑，包括1170年阿丰索一世在巴达霍斯的败绩，以及1189年奥利文萨的收复。

但是，1184年，摩尔人围攻圣塔伦的计划失败了。桑乔一世（1185—1211年在位）继承父亲阿丰索一世的王位。桑乔将注意力集中在向南扩张上。1189年，他夺得锡尔维什，并加固那里的防御工事。结果，当桑乔不得不转向北部，应对莱昂与卡斯蒂利亚新一轮的威胁时，他在1191年又失去了锡尔维什。因此，1197年，他建立瓜达，重建蒙桑图并向那里移民。桑乔也因试图移民戍守葡萄牙北部偏远地区而闻名。

桑乔的继承人阿丰索二世（1211—1223年在位）没有专门对付摩尔人的领土扩张，转而集中精力发展壮大国家。他不仅推行成文法，还试图限制教会的主导地位，因此被教宗何诺三世逐出教会。1212年7月16日，在一次十字军东征中，卡斯蒂利亚国王阿丰索八世在阿拉贡、纳瓦尔与葡萄牙王国的支持下，在安达卢西亚哈安附近的拉斯纳瓦斯—德托洛萨之战中，成功突袭穆瓦希德哈里发的军队，取得压倒性胜利。随后，卡斯蒂利亚人不仅推翻了安达卢西亚的统治，葡萄牙人还向南进发攻克阿尔加维。1217年，萨尔堡被围。

阿丰索二世的儿子桑乔二世（1223—1248年在位）集中精力抢占摩尔人地盘，1236年占领塞辛布拉，1242年攻克锡尔维什。但是，在教宗英诺森四世至关重要的帮助下，敌对贵族与教会人员推翻了桑乔的统治。1247年，英诺森四世下令废黜桑乔。内战加上卡斯蒂利亚的干涉，让葡萄牙陷入混乱。1248年，流亡西班牙的桑乔二世客死异乡，他的弟弟阿丰索继承王位。1246年，一些贵族拥立阿丰索登上王位，史称阿丰索三世。阿丰索三世为取得支持，在1254年召开第一次由平民出席的议会，他还拿下阿尔加维，在1249年攻克最后一处摩尔堡垒——法鲁。

但是，这并未结束所有的战争。1269年，摩洛哥的马里尼德苏丹取代穆瓦希德人；1275年，摩洛哥的马里尼德苏丹开始进攻基督教王国并取得一些成功。但是，1340年，葡萄牙国王阿丰索四世与他的女婿卡斯蒂利亚国王阿丰索十一世一道，在塔里法附近的萨拉多河之战中大败"黑苏丹"阿布·哈桑。士兵大多是卡斯蒂利亚人，但葡萄牙人也起到关键作用，他们击溃格拉纳达军队。这场决胜把马里尼德人赶回了北非。阿丰索派人建造"萨拉多发现碑"，这座位于基马拉斯的纪念碑是为庆祝这场大胜而建的。

雨后春笋般的建设

正如布拉加的罗马式大教堂一样，征服过后，被征服地区开始了基督教化进程，尤其是修建教堂。许多教堂建在原来的清真寺旧址上，取而代之。这是清除、重新使用摩尔人遗产的重要部分，例如在1253年成为主教管辖区的锡尔维什大教堂。12世纪，拉梅古的阿尔马凯夫圣马利亚教堂在一座摩尔人墓地的原址上建起来。洛罗萨的圣彼得教堂包括古罗马、西哥特与摩尔人遗迹。公共浴室在摩尔人文化中既有典礼仪式用途，又是社交场合，它们也被其他建筑物所覆盖。在伊比利亚半岛上已经属于基督教王国的地方，人们以建筑的方式来庆祝胜利，兴建或扩建了许多教堂。阿丰索一世为兑现自己在1147年向圣母发的愿，于1153年在阿尔科巴萨建起一座巨大的熙笃会修道院，感谢圣母保佑他夺取圣塔伦。如今，那里已被联合国教科文组织列为世界物质文化遗产地。

许多摩尔人逃离被占的领地，但仍有许多人留在那里辛勤耕作，还有些人沦为奴隶。突袭掠夺奴隶，是当时人们补充奴隶需求缺口的方式，尤其是在北非。但是，伊斯兰建筑美学也在许多方面为人接受。因此，16世纪，布拉加大教堂的"格洛里亚堂"内就绘有这类几何图案。

随着基督教王国在伊比利亚半岛向南扩张，基督徒的移居，成为各国通过内部移民实现长期增长的手段。移民与殖民是政策中的重要元素。它们利用更广泛的人口增长与农业发展进程。但是，当时还存在如巩固权威等具体的政治考量。这个过程包括村镇的建立，例如10世纪时的塞南塞利的建立。此外，军事基地发挥着政府中心与经济节点的作用。

新建修道会有助于殖民开拓，尤其是熙笃会教士。1124年，西班牙第一座熙笃会修道院，即塔罗卡的圣昂若修道院建立。在杜罗河南面绿树成荫的华罗沙河谷中，这座修道院如今已是一片废墟。它完全没有附近萨尔泽达斯的几座熙笃会修道院那般保存完好。那几座修道院建于1168年。熙笃会教士在将哥特式风格引入葡萄牙方面厥功至伟。哥特式风格与处于过渡期的罗马－哥特式风格作品一道，自13世纪起变得十分重要。

其他教团也修建了修道院，但托钵修士主要负责基金会的工作，例如13世纪圣塔伦的方济各会修女院。基金会在19世纪被充公，但就像波尔图的圣克拉拉教堂那样，托钵修士的教堂往往单独保存下来。宗教军事教团获得大片庄园，他们在那里移民定居、守卫一方。因此，宗教军事教团也有助于移民定居，尤其是1128年出现在葡萄牙的圣殿骑士团。此外还有医院骑士团、卡拉特拉瓦骑士团以及成立于1146年的阿维什骑士团。这些教团通过吸纳贵族成员，将教会与贵族阶级绑定在一起。塔霍河上的阿莫洛岛是一处优美的圣殿骑士团遗址。1171年，那里的摩尔城堡被重建。为巩固葡萄牙的势力，1165年，圣殿骑士得到下贝拉省的一大块土地。因此，1171年，他们在蒙桑图与伊达涅阿维烈建起许多城堡。

经济扩张

移民开拓面临着环境、经济发展与规模方面的问题，而且这些变化在附近的定居区域形成十分特殊的人口布局。再往南，在新占领区，地广人稀，摩尔人较多。为维护教会与贵族阶级的利益，大庄园在那里纷纷建立起来。但是，大多数信奉基督教的农民依然在更北边的地方。在那个地区，人们加紧移民开拓步伐，尤其是对已有定居点的重建，例如教堂扩建。14世纪，巴尔斯莫的小教堂就得到扩建。

从长远来看，10—14世纪，葡萄牙的人口增长与技术进步带来了农业繁荣。前者为农业发展创造市场与工人，后者则包括自11世纪时起风车的引入。但是，富人比自耕农更易从农业繁荣中受益，许多自耕农遇到各种困难，后来沦为佃农。

矛盾重重的中世纪

阿丰索三世用新筑的防御工事来保护国家免受卡斯蒂利亚王国侵扰，例如在米尼奥河畔瓦伦萨与蒙桑的防御工事。此外，他还不得不守护攻占的阿尔加维，以免它落入卡斯蒂利亚王国之手。最终，阿丰索三世通过1267年签署的《巴达霍斯和约》，成功保卫阿尔加维。事实证明，他也有能力反抗教皇提出的要求，因此宣示了自己的主权。这是至关重要的事件。

他的继任者迪尼什（1279—1325年在位）推行包括司法体系改革在内的新政。迪尼什修养极高、多闻博识，1290年，他在里斯本创办了第一所大学。1537年，这所大学在科英布拉永久性建立。迪尼什主要通过以下措施强化葡萄牙政府与国家的统治：1289年，与教皇签订政教协约，扩大王家管辖权，教会财产也受王家控制；1308年，与英国签订条约；在与卡斯蒂利亚王国的边境线及其周边地区修建或加固了防御工事，例如沙维什的防御工事。如今那里只有要塞遗迹。此外还有贝雅、蒙多城堡、罗德里格城堡、埃斯特雷莫什、利尼亚里什、皮涅尔、萨布加尔、索尔特略与特兰克苏的防御工事，其中，特兰克苏城墙至今尚存。迪尼什虽不是勇士国王，但他利用1295年卡斯蒂利亚国王桑乔四世去世之机，在1295—1297年征讨年幼的卡斯蒂利亚国王斐迪南四世。根据1297年签署的《阿尔卡尼泽斯协约》的规定，迪尼什放弃了一些边疆村庄，但得到奥利文萨。他对阿尔加维的所有权也得到承认。在这一协议基础上缔结的同盟使双方保持了40年的和平。

迪尼什经常住在莱里亚的城堡中。在其统治时期，迪尼什给后世留下的一笔重要遗产是对莱里亚松树林的扩建。这片海边的松树林为人们提供了一道抵御沿海沙丘向内陆蔓延的屏障，同时，它也是造船所需木材的来源。迪尼什为促进经济发展，授予集市特权，鼓励人们从事贸易，扩大农业生产用于买卖。这项政策使商业活动繁荣、商品增多，扩大税收来源。迪尼什还帮助修建了阿尔科巴萨修道院沉默回廊的下层部分，以及奥比杜什城堡。他把奥比杜什镇送给妻子作为新婚礼物。

为应对教皇1312年对圣殿骑士团的压制，迪尼什将葡萄牙的圣殿骑士团改为基督骑士团，1317年，葡萄牙基督骑士团成立，自1356年起，它的总部设在托马尔。基督骑士团在葡萄牙历史中扮演过重要角色，尤其在航海家恩里克担任它的俗世团长期间。

1348—1350年暴发的黑死病导致随后经济、社会、政治局势走向极度困难。黑死病导致葡萄牙近1/3的人丧生。土地荒芜、村庄无人居住、农业产量下降。这些都给政府的税收收入带来压力。因为地主试图从较少的劳动力身上获得更多收益，社会矛盾明显恶化。与英国一样，由于养羊需要的工人较少，葡萄牙牧羊业规模扩大，并为从业者带来利润，尤其是大地主们。

迪尼什的儿子阿丰索四世（1325—1357年在位）与卡斯蒂利亚王国关系紧张。由于阿丰索的继承人佩德罗与妻子的宫殿女侍伊内丝·德·卡斯特罗（一个有卡斯蒂利亚王国背景的加利西亚贵族）有染，两国间剑拔弩张的关系与葡萄牙宫廷政治互相纠缠。1345年，佩德罗在妻子去世后公开与伊内丝同居，并宣布她所有的孩子都是自己的子嗣。阿丰索四世担心日益巨大的卡斯蒂利亚的影响，于1355年下令杀害伊内丝。怒火中烧的佩德罗奋起反抗，结果却被打败。不久后，佩德罗继承王位，成为佩德罗一世（1357—1367年在位）。1361年，他派人将两名杀手从西班牙遣回并公开处决。佩德罗剖出他们的心脏。据说，1577年，佩德罗让人将伊内丝的尸体掘出，为她举行加冕仪式。他还下令王室成员向她致敬（这个故事也许只是一个传说而已）。佩德罗与伊内丝的遗体面对面合葬在阿尔科巴萨修道院内。据说如此一来，在末日审判降临后，他们还能来生再会。

1369年，佩德罗的继承人斐迪南一世（1367—1383年在位）提出要问鼎卡斯蒂利亚王位。这使葡萄牙进一步卷入卡斯蒂利亚错综复杂的王权斗争与国内动荡之中。1373年，卡斯蒂利亚军队火烧里斯本，将它洗劫一空。斐迪南没有男性继承人，他死后，王位也没有按照1382年的约定由他的女儿（也是卡斯蒂利亚国王胡安一世的妻子）比阿特丽斯继承。相反，在一段王位真空期之后，斐迪南的异母弟，即他父亲的私生子若昂篡权夺位。若昂先派人刺杀了斐迪南遗孀莱昂诺尔的加利西亚情人——若昂·费尔南德斯·安德洛伯爵。斐迪南死后，下令由他的妻子莱昂诺尔主事。同样，早在1128年，阿丰索一世为登基也要先打败他的母亲特里萨及其情人加利西亚伯爵费尔南多·佩雷斯·德·特拉瓦。特里萨自1121年起到战败前一直把持着葡萄牙。在1383—1385年内战中，大部分贵族阶级与神职人员都支持莱昂诺尔。莱昂诺尔与卡斯蒂利亚的统治阶级有联系，而若昂则依靠中等教团的支持。1384年，卡斯蒂利亚国王胡安一世入侵，围攻里斯本未果，莱昂诺尔被迫宣布放弃摄政权。

阿维什王朝的建立

1385年，一场重要议会在科英布拉举行，与会者拥立若昂为葡萄牙国王若昂一世（1385—1433年在位）。若昂一世成为阿维什王朝的建立者。1385年，卡斯蒂利亚军队再举进犯，一支由雇佣兵组成的军队入侵米尼奥河，但最终败于特兰科苏。与此同时，卡斯蒂利亚国王胡安一世在法国的帮助下，率领一支31000人大军挺进葡萄牙中部地区。1385年8月14日，他在阿尔茹巴罗塔战役中失利。200名英国弓箭手在战役中起到关键作用。这场战役既是英法百年战争（1337—1453年）的一部分，也是英国国王爱德华三世的第四个儿子——兰开斯特公爵约翰通过王政与战争问鼎卡斯蒂利亚王位的手段。仅由6600人组成的葡萄牙军队以少胜多，打败了卡斯蒂利亚人，使后者蒙受巨大损失。

如今，巴塔利亚（葡萄牙语意为"战役"）附近战场上的一处遗迹，能让我们更好地理解这场重要战役。1388—1434年，人们在那里建起一座引人注目的修道院，即"维多利亚圣马利亚主教堂"。这是葡萄牙国王若昂一世在取胜后向圣母马利亚还愿而建。这座哥特式建筑内有若昂及其亲属之墓，其中包括他的英国妻子、冈特的约翰之女，兰开斯特的菲莉帕（1387—1415年的葡萄牙王后），还有他们6个儿子中的4人，其中就有"显赫一代"中的航海家恩里克亲王。据说，人们可以在波尔图的亲王府参观1394年他出生的地方。1373年的《英葡同盟条约》确立两国永久友好关系。在此基础上，两国又在1386年签署互助条约《温莎条约》。它开启了英国与葡萄牙两国长久的联盟。虽然在1580—1640年西班牙国王统治时期，英葡同盟关系中止，但后来的一系列条约又进一步加强了双边关系，尤其是1654年、1660年、1661年、1703年、1815年与1899年的条约。1943年，当葡萄牙宣布授予英国在亚速尔群岛建立军事基地的权力时，温斯顿·丘吉尔也提到了1373年的《英葡同盟条约》。

菲莉帕在波尔图与若昂完婚后，就把若昂的情妇从宫中赶到一座修女院里，而她自己当了那里的院长。其他情人也将遇到类似问题，其中包括了若昂五世之妻与约瑟夫一世之妻。菲莉帕在宫中很有影响力，她支持了征服休达的计划。

若昂一世在1385年阿尔茹巴罗塔战役中取胜后，卡斯蒂利亚撤军，贵族阶级拥戴若昂。同年晚些时候，若昂在卡斯蒂利亚的巴尔韦德再次得胜，由卡斯蒂利亚人占据的葡萄牙城镇投降。1390年，卡斯蒂利亚国王胡安一世去世，这确保了和平的到来。葡萄牙与卡斯蒂利亚间的敌对关系，以及它们分别与英国、法兰西结盟的事实，使两国在教会大分裂期间支持敌对的教皇，这反过来又加重了双方分歧。

当时的战事使许多防御工事自中世纪起修建，是为了抵挡卡斯蒂利亚入侵或防止内战爆发而建，而不是要对抗摩尔人。因此，1356—1376年，波尔图竖起令人畏惧的崭新城墙。波尔图大教堂中的哥特式回廊也可追溯至14世纪。此外，若昂极大地加固了布拉干萨城堡。在辛特拉，他在一处摩尔堡垒的基础上重造了一座宫殿。

然而，中世纪晚期葡萄牙的重要遗迹依然集中在巴塔利亚。大约在1430年，巴塔利亚修道院新建了许多富丽堂皇的回廊和几个王家公墓中的小礼拜堂。但是，因为葡萄牙国王若昂一世的曾孙曼努埃尔一世（1495—1521年在位）转而在贝伦塔霍河岸附近的热罗尼姆斯新建了一座大修道院，这些小礼拜堂最终并未完工。热罗尼姆斯修道院是在1501年前后修建的，它反映出葡萄牙统治者注意力向海洋的大转移。

若昂巩固了葡萄牙的实力，他也是葡萄牙历史上在位时间最长的统治者。若昂不仅是阿维什王朝的缔造者，还是布拉干萨王朝的创始人，因为他的私生子阿丰索（1377—1461年）在1443年成为第一代布拉干萨公爵。阿丰索的母亲据说是一个犹太鞋匠的女儿，也有人说是贵族后裔。

由于阿丰索五世（1438—1481年在位）摄政后王室内部矛盾重重，若昂一世的生前努力并未能阻止葡萄牙内战在1449年爆发。阿丰索五世在杜阿尔特一世（1433—1438年在位）死于瘟疫后继承王位，就像他父亲若昂一世当年那样。杜阿尔特一世早逝导致王室成员对摄政权的争夺，尤其是在杜阿尔特一世那不得人心的异族之妻、阿拉贡的埃莉诺与若昂一世之子佩德罗之间。埃莉诺有贵族撑腰，佩德罗则有议会支持并最终成为摄政王。在1449年的葡萄牙内战中，阿丰索五世受到阿丰索公爵很大的影响，转而进攻自己的叔叔佩德罗。在阿尔法洛贝拉战役中，佩德罗战败遇害。这是葡萄牙版的"英国玫瑰战争"，战争持续时间较短。

同一时代，早在1415年，若昂一世占领休达后，就启动了葡萄牙的非洲扩张计划。当时，在人们看来，海洋是葡萄牙与外部世界的桥梁，而非阻碍。在某种程度上，由于戒心作祟，葡萄牙人害怕摩尔人会像711年那样自海上卷土重来。但是，当时人们也想主动驱逐摩尔人，尤其是为了与卡斯蒂利亚竞争。

第五章

征服与扩张的年代

葡萄牙贸易活动的起点与终点都在里斯本。

葡萄牙人与非洲

因为渔业的重要地位，葡萄牙人很久以前就开始与大海打交道。多亏了地理位置与这段历史，葡萄牙而非西班牙成为首先开发伊比利亚半岛的大西洋潜力的国家。葡萄牙干预摩洛哥内政，在1415年占领休达，在1419年挫败一次反击。1418年，教宗马丁五世颁布教皇敕令，确认葡萄牙从摩尔人那里征服的所有土地都归葡萄牙所有。葡萄牙也成为沿非洲西北海岸及其不远处地区的一个扩张性的海上强国。1420年前后，葡萄牙人开始在马德拉岛定居；1439年，他们在亚速尔群岛定居；1462年，他们在佛得角群岛定居。这三个地方分别是在1419年、1427年前后与1456年先后被葡萄牙人发现的。当时这些地方均为无人区。

1434年，吉尔·埃亚内斯绕过波涛汹涌的博哈多尔角。此举证明这么做是安全的，打消了人们此前的顾虑。15世纪40年代，葡萄牙人探索非洲海岸，远及今天的几内亚。1441年，葡萄牙人抵达布兰科角；1444年，他们来到现代塞内加尔的佛得角半岛，并绕岛一周。葡萄牙人出发寻找传说中的"黄金河"，结果却穿过撒哈拉沙漠来到兴旺得多的西非。

葡萄牙人很早就发现塞内加尔以南众沿海王国对他们劫掠奴隶的活动反抗激烈，因为许多当地国家实力强大。相对地，用贸易打入这些国家更加容易，贸易也能为进一步的扩张提供资金支持。

航海家恩里克（1394—1460年）

恩里克是若昂一世的第三子，是葡萄牙海外扩张的代表人物。事实上，恩里克出海，占领过的最远的地方只是摩洛哥的休达而已。相反，恩里克或多或少为了继续与摩尔人的战斗，利用自己基督骑士团俗世团长的身份资助探索事业，并致力于发展航海技能。据说，恩里克在萨格里什创办过一所航海学校。这也许只是一个传说，因为没有考古证据。但是，从大量航海知识的汇聚来说，确实有一所"学校"。在恩里克的率领下，葡萄牙人发现了大西洋信风的规律。1415年，恩里克帮助葡萄牙占领休达。随后，在长兄杜阿尔特（1433—1438年在位）的帮助下，他试图寻找把黄金带到西非的旅行队的下落。恩里克十分虔诚，因此，他孑然一身，死时还负债累累。"航海家"是后来人们授予他的称号。

航海家恩里克、他的侄子阿丰索五世与他的侄孙若昂二世（1481—1495年在位）均出现在《圣文森特费雷尔祭坛画》中。人们通常认为，这幅约创作于1467—1470年的画作出自努诺·贡萨尔维斯之手。如今，里斯本的国立古代艺术博物馆收藏了这幅画。这幅色彩艳丽的多联画，囊括了社会各阶层，从世俗社会到宗教社会，从伟人到平民（画中有一个渔夫、一个托钵修士与一个乞丐）。圣文森特出现在画作中的突出位置。

葡萄牙在西非海岸的势力，使西非中部的黄金与其他贵重物品向沿海转运口岸转移，而不是穿过撒哈拉沙漠运往北非。1452年，来自西非的黄金让葡萄牙人铸造了第一批葡萄牙金币。

15世纪下半叶，葡萄牙人继续向南推进。由于在摩洛哥的扩张主义政策，阿丰索五世获得"非洲人"的绰号。1471年，阿丰索五世成为第一个自称"葡萄牙与阿尔加维国王"，而不是"阿尔加维国王"的葡萄牙国王。原因是，从非洲掠夺来的土地被视为阿尔加维王国的属地。无论是在欧洲还是非洲，人们都认为阿尔加维是葡萄牙南部的领土。在阿丰索五世的统治下，葡萄牙积极征服摩洛哥。但是，在他的叔叔1460年去世后，阿丰索五世并没有继续航海家恩里克的事业。

阿丰索五世的儿子若昂二世要活跃得多。1482年，葡萄牙在圣若热达·米纳建立贸易基地。从那里获得的收益为后来的航海探索提供了资金支持。例如，迪奥哥·高与巴尔托洛梅乌·迪亚士的航行。米纳本身就是一项后勤上的成就，这座基地是用在葡萄牙事先准备好的石料、木材与砖瓦直接搭成的。1483年，葡萄牙发现了费尔南多波岛、普林西比岛、圣多美岛与安诺本岛，并宣称对它们的所有权。再往南，葡萄牙在今天安哥拉的海岸驻军。但是，战争与贸易并不是葡萄牙对外关系的全部。1483年，迪奥哥·高成为第一个踏上刚果王国领土的欧洲人。两国建立了友好关系。1491年，刚果国王接受洗礼，教名为"若昂一世"，基督教与当地宗教元素融合并迅速传播开来。大约在1486年，迪奥哥·高死于第二次远航途中。随后，由迪亚士领头，葡萄牙探险家绕过非洲最南端的好望角。

起初，葡萄牙人并没有完全依赖政府活动。因此，葡萄牙在黄金海岸上最早留下的足迹始于1469年。当时，效力于富有的金融家斐迪南·戈梅斯的船长们发现了米纳。但是，葡萄牙政府迅速开始参与贸易，米纳的黄金贸易也被王室垄断。

葡萄牙人利用造船业与航海技术的最新发展，尤其是在船体建造、大三角帆与横帆装置方面大西洋与地中海技术的融合以及海上定位技术的进步，建造出独具优势的船只。不管对方的船是否装有大炮，葡萄牙人的船都要更胜一筹。虽然在与单层甲板大帆船作战时，风停会是一个大麻烦，但是帆桅装备的进步使葡萄牙船的速度更快、灵活性更好，更易于近距离驭风而行。

情报资料在提升葡萄牙人战斗力上也扮演了重要角色。有赖于指南针的使用及其他航海技术的发展，他们能绘制航海图并积累关于航海的知识。因此，他们在面对海洋的浩瀚无边与人类的转瞬即逝时，能在双方关系中掌握前所未有的控制权。葡萄牙人花大力气积累有利于航海的情报资料，同时做好了保密工作，以免信息落入敌手。在15世纪，他们还培养出一批有经验的水手，能够最有效地利用最新技术。

葡萄牙人与印度洋

佩罗·达·科维良是一名葡萄牙探险家，1487年，他沿红海而下，先到印度，接着又抵达非洲东海岸，最后远及今天莫桑比克的索法拉（1489年）。他所走的这条航线沿途都是伊斯兰教强国。巴尔托洛梅乌·迪亚士的情况却并非如此。1488年1月，他绕过好望角却没有亲眼看见它，随后进入了印度洋。王室侍从迪亚士的任务是奉命寻找祭司王约翰的领地，航行至博斯曼河口。

在那里，船员们逼他放弃远航印度的计划。若昂二世后来将最初被迪亚士称为"风暴角"的地方改名为好望角。1500年，迪亚士的船在第二次航行中遇到风暴，在好望角沉没。

　　与敌舰相比，葡萄牙战舰装配有更多大炮。1498年，瓦斯科·达伽马抵达印度水域。5月20日，他在喀拉拉邦的卡利卡特港附近抛锚。达伽马船上的大炮让亚洲战舰在战场上无力抵抗。葡萄牙人试图寻求贸易机会，但他们的到来扰乱了己有的贸易关系，结果引发冲突。如今，游客可以在法鲁的海事博物馆看到达伽马旗舰"圣加布里埃尔号"的模型。

　　1502年，葡萄牙人打败卡利卡特舰队。虽然卡利卡特舰队得到阿拉伯舰队的支持，但是他们的技术落后，有利于葡萄牙人，让后者打了胜仗。在战斗中，葡萄牙的炮火，尤其是贴近吃水线的重炮，击退企图登船的敌人，因此抵消了对手的人数优势。随后，埃及的马穆鲁克军事统治集团介入战争，攻打葡萄牙人。这是西班牙在美洲未曾遇到的一系列抵抗中的一部分。马穆鲁克人起先打了一些胜仗，但是，1509年，在距离第乌不远的地方，埃及舰队大多为葡萄牙人所毁。第乌也在印度西海岸上。这一年，迪奥戈·洛佩斯·德·塞哥拉率领一支葡萄牙远征队从印度向东航行到达马六甲，但这并不是葡萄牙海外探索的终点站。

　　葡萄牙人最先使用的是轻帆快船与高帮帆船。轻帆快船移动速度快，经得起风浪，但相对较小，适合沿海探险、航行。高帮帆船是一种克拉克式帆船，体形较大。今天在孔迪镇造船博物馆对面就停泊着一艘高帮帆船复制品，那里还有一些模型与相关展品。后来，葡萄牙人发明出能远洋航行的大型横帆船。与之前的大帆船相比，后来的远航帆船更长更窄，长宽比缩小，速度更快、灵活性更好，能装载更重的火力。

　　自1514—1516年起，葡萄牙人将大型横帆船带到印度洋。同时，他们继续用大型克拉克帆船将商品从印度区域运回葡萄牙。早在1518年，葡萄牙大型横帆船的标准火力装备是35门大炮。贴身肉搏战也至关重要，大炮本身并不能带来胜利。在印度，哲帕拉与古吉拉特邦的舰队分别在1513年、1528年先后被击败。

葡萄牙扩张中的另一个有利因素是他们拥有一系列筑防的海军基地。他们参考的是地中海中威尼斯的"海洋之国"方针：一连串群岛与堡垒保护转运口岸，强行获得垄断或近乎垄断的贸易地位。葡萄牙的水手们知道，在往返于亚洲的漫长航程中，他们可以安全地在一系列"小站"补给，如罗安达、莫桑比克。因此，海军实力为葡萄牙基地的扩张提供了保护。这些基地又反过来为葡萄牙的军事、商业体系提供支持。正如1571年在印度焦尔与果阿的情况，当地统治者会攻打葡萄牙的这些基地。但是，当地统治者没有海军，是不可能切断葡萄牙基地的海上补给线的。事实表明，强大的海军至关重要。

进入印度洋以后，葡萄牙人在非洲东海岸建起许多基地，尤其是基卢瓦（1505年）、蒙巴萨（1505年）、索法拉（1505年）、莫桑比克（1507年）、马林迪（1520年）、奔巴岛（1520年）与德拉瓜湾（1544年）。葡萄牙人在印度西海岸也建立了不少基地，包括科钦（1503年）、坎纳诺尔（1505年）、安吉迪乌岛（1505年）、焦尔（1509年）、果阿（1510年）、奎隆（1512年）、孟买（1530年）、第乌（1535年）、苏拉特（1540年）与达曼（1558年）。当时，在波斯湾，葡萄牙人的基地有阿巴斯港（1507年）、巴林（1515年）、霍尔木兹岛（1515年）与马斯喀特（1550年）。最后两个基地是葡萄牙在波斯湾的坚固阵地。事实上，若昂三世（1521—1557年在位）的绰号就是"殖民者"。

当地政治的复杂性在锡兰（斯里兰卡）得到充分体现。1505年，葡萄牙人最先在那里登陆，后来与位于西南海岸上的科特王国签署贸易条约。1551年，科特国王达玛帕拉成为葡萄牙国王的封臣。

1580年，他同意在自己去世后将王国交给葡萄牙。但是，当达玛帕拉在16世纪90年代去世时，内陆的乌达拉塔王国宣称拥有对整座岛的统治权，开战驱逐葡萄牙人。锡兰的情况表明，葡萄牙与当地统治者们的联盟既是一笔宝贵资产，也充满不确定性。葡萄牙与伊朗的合作关系也是如此。起初，萨非人同意葡萄牙在霍尔木兹岛驻军。因为那里远离他们的权力中心，所以他们并不以为意。同时，葡萄牙人向萨非人提供了大炮，后者得以进攻奥斯曼人（土耳其人）与乌兹别克人。1528年，葡萄牙击败古吉拉特邦巴哈杜尔·沙阿的海军。到1535年，由于巴哈杜尔为抵御莫卧儿帝国的扩张向葡萄牙人寻求帮助，葡萄牙人得以在第乌修建一处堡垒。

基于实力的合作，让葡萄牙人在东非也受益匪浅。1589年，在马林迪统治者的帮助下，葡萄牙人拿下蒙巴萨，马林迪统治者也成为那里的阿拉伯酋长。与此同时，葡萄牙人建起一座强大的堡垒。

再往东的马六甲是重要的商业中心与伊斯兰教中心。葡萄牙人在那里确立了自己的统治。马六甲人当时有许多青铜大炮，但是在1511年，葡萄牙大炮用事实证明自己的性能更好。协调能力好、志在必得的葡萄牙军队靠着长矛与火药击败了苏丹战象。

葡萄牙人来到印度洋，与其说是为了征服，不如说是想做生意。使用暴力是为了影响甚至决定贸易条款，尤其是在驱逐竞争对手方面，而非扩张领土方面。葡萄牙没有足够的人力，无法成为重要的亚洲宗主国。当时葡萄牙本国人口大约有100万，还有许多其他移民出境的机会，尤其是去不太远的巴西。致命的热带疾病夺去许多前往印度的葡萄牙人的生命，另外女性侨民匮乏。

在东印度群岛，葡萄牙人在特尔纳特岛（1522年）、索洛岛（1562年）与蒂多雷（1578年）建有驻防哨所，可以直接获得那里的香料。若昂三世在香料贸易中的角色，让他得到"胡椒国王"的绰号。

葡萄牙在中国澳门（1557年）与日本长崎（1570年）建立商业基地，而非筑防的阵地。正如16世纪80年代一个日本人所述的葡萄牙奴隶的见闻，表明贸易在当时具有多重意义：

> 他们买下数百名男女，把这些人带上他们的黑船。他们给这些人戴上手铐脚铐，把他们扔到底舱里。这些人经受的苦难与地狱相比，有过之而无不及……据说那就是人间地狱。我们听说当地的日本人依样画葫芦，也学他们做起这勾当，卖掉自己的孩子、父母与妻子。

1518年，首席官方制图师佩德罗·赖内尔负责绘制印度洋地图。为了制图，他利用了1511年远征队前往爪哇、摩鹿加群岛所获得的情报。葡萄牙多支远征队前往这些水域时亲自掌握了一些情报，还从当地领航员那里获得航海图副本。1565年前后，塞巴斯蒂昂·洛佩斯制作的《波特兰地图集》面世。地图集中的印度洋航海图反映了人们日益增强的海岸线意识，如苏门答腊岛的海岸线。此外，葡萄牙帝国的贸易中心越来越多。例如，果阿发展成葡萄牙制图行业中心。

1500年，在佩德罗·阿尔瓦雷斯·卡布拉尔率领下的一支葡萄牙远征队"发现"了巴西。最初，那里被叫作"维拉克鲁斯"（意为"真正的十字架"）或者"鹦鹉国"。在1503—1505年，有"大瓦斯科"之称的瓦斯科·费尔南德斯创作了《三博士朝圣》，如今这幅画收藏在维萨乌的国家大瓦斯科博物馆内。画中的三位朝圣国王之一是巴西裔印第安人。然而，直到16世纪30年代，葡萄牙人为应付法国海军突袭才开始积极发展巴西的军事。葡萄牙人的火枪，在机动性强、擅长射箭、适应丛林战的勇士面前，没有多少作用。因此，葡萄牙人以牺牲图皮南巴人、塔普亚人为代价，只换来缓慢的进步。但是，部落间的竞争与联盟让葡萄牙人从中受益。1532年，葡萄牙人建立了圣保罗。同年，葡萄牙人以总督辖区（省）的方式将殖民地组织起来。1549年，巴伊亚成为首都；1565年，里约热内卢建立。

虽然葡萄牙探索了北美洲的东北海岸，尤其是在1498年，若昂·费尔南德斯·拉夫拉多尔与佩罗·德·巴塞洛斯抵达拉布拉多，但葡萄牙在新大陆的领土到不了更北边。然而，北美洲兴旺的渔业地位飞速提高，尤其是在纽芬兰不远处的大浅滩上。葡萄牙渔民在那里发现了大量鳕鱼，用盐腌制后卖到葡萄牙。此举使许多港口兴旺起来，尤其是阿威罗，因为那里有重要的盐田。但是，1575年，一场风暴过后形成的河口沙洲使港湾堵塞。如今在附近的伊利亚沃，人们可以参观那里的海事博物馆。

不是所有的葡萄牙进攻的目标都陷落了。1510年，印度卡利卡特遭到费尔南多·库蒂尼奥的攻打，费尔南多本人也战败被杀。重点是，葡萄牙企图进入红海的尝试也以失败而告终。因为红海是伊斯兰国家的海军发动反击、进入印度洋的主要航线，所以葡萄牙的这次失败意义重大。如果葡萄牙成功夺取麦加、麦地那，那将为它带来无上荣誉，并有助于收复耶路撒冷。但是，阿丰索·德·阿尔布克尔克（1509—1515年任葡属印度殖民地总督）在成功夺取果阿（1510年）与马六甲（1511

年）之后，于1513年兵败亚丁。1517年，葡萄牙人在亚丁与吉达也吃了败仗；1541年，他们在苏伊士失利；1529年，亚丁的埃米尔迫于压力对葡萄牙称臣。

基督教的海外扩张

基督教扩张曾是一个重要历史主题，在葡萄牙本国及海外均是如此。航海家恩里克与阿丰索五世、曼努埃尔一世都十分虔诚，恩里克还曾计划去圣地朝圣。1455年，一道教皇手谕将葡萄牙在非洲"发现"的土地悉数授予葡萄牙，但祭司王约翰的领土除外。起先，葡萄牙人以使徒圣多马之名，证明自己自1498年起在印度的殖民是正当行为。据称，葡萄牙人在印度发现了圣多马的圣物。同时，当地基督徒的出现明显意味着葡萄牙国王正向他们伸出援手，把他们从压迫下解放出来，并将所有的基督徒聚拢在教皇统治下。在喀拉拉邦的科钦，游客可以看到记录着那段历史的多处遗址。

在基督教世界与伊斯兰教国家之间的另一条日益扩大的战线上，葡萄牙也发挥着重要作用——1541年，葡萄牙派火枪手前去支援信基督教的阿比西尼亚，帮助他们抵御阿达尔苏丹国的进攻。信伊斯兰教的阿达尔苏丹国当时有扩张倾向。此外，奥斯曼土耳其人在1538年进攻第乌，1552年进攻霍尔木兹岛，1593年进攻非洲斯瓦希里海岸。但是，这些进攻均被击退。奥斯曼人曾在1517年打败马木留克王朝统治下的埃及。因此，奥斯曼人为保护后者在红海的阵地并驱逐葡萄牙人，正式跨入了印度洋。虽然葡萄牙人在亚丁的盟友遇害，亚丁在1538年被占，但奥斯曼人发现自己无法长期保持扩张后的势力范围。然而，葡萄牙人做到了，而且他们的势力范围要大得多。奥斯曼人想要将其吞并的计划也与许多奥斯曼计划一样以失败而告终。亚齐苏丹国位于苏门答腊岛北部，是葡萄牙人的对头。

葡萄牙与西班牙都特别强调自己身为信仰守护者的角色。这使二者在国内和基督教世界，乃至更远的阵地连接了起来。对葡萄牙而言，它对新教采取不宽容政策，对犹太人与摩尔人也日益严厉。1497年，曼努埃尔迫于西班牙的压力驱逐犹太人，并要求留在葡萄牙的犹太人改信基督教。他们成为所谓的"皈依者"。

这个"皈依"过程充斥着暴力。1506年，葡萄牙血腥屠杀犹太人，许多犹太会堂被占领。托马尔犹太会堂先是成了监狱，后来变成小教堂，如今，那里有座犹太博物馆。1539年，波尔图在犹太区的一块土地上建起圣若昂诺沃教堂，该区条条窄巷的起点也在犹太区内。布拉干萨犹太区保存至今的遗迹也可追溯至这个年代。许多从葡萄牙逃亡出去的犹太人前往法国、荷兰，尤其是荷兰阿姆斯特丹。

在若昂三世的统治下，葡萄牙与教皇的关系得到巩固。因此，宗教裁判所自1536年起扮演重要历史角色。同年颁布的公告呼吁人们举报异教徒，知情不报者将被捕入狱。因为"新基督徒"不得不给孩子施洗礼，所以他们有可能被冠上叛教、信奉异教的罪名。宗教裁判所列出所谓的"犹太分子"假意皈依的种种表现包括：穿白衣，或是在周六衣冠楚楚；周五在家做清洁扫除；不食猪肉、鱼皮与兔肉。拒不皈依基督教的犹太人面临着审判、严刑拷打与被活活烧死的危险。很少有人被无罪释放，但在葡萄牙的偏远地区（尤其是最北部），秘密举行的仪式让犹太教延续下来。很多地名上也留有宗教裁判所的痕迹，尤其是科英布拉的"宗教裁判所广场"。在里斯本，异教徒被人在"柏高广场"与罗西乌广场上活活烧死，而罗西乌广场就紧挨着宗教裁判所总部。

在国外，葡萄牙鼓励殖民地人民改变信仰，比如1554年在圣保罗修建教堂，耶稣会士在葡萄牙殖民地的作用十分突出。他们在葡萄牙本国修建教堂的事业上也立下过汗马功劳。例如，1598年科英布拉大教堂落成，这座新教堂外部装饰着耶稣会圣人的形象。

位于里斯本以西贝伦港的热罗尼姆斯修道院外形雄伟壮观，这座建于1502—1572年的修道院是葡萄牙这方面最生动的体现。由三部分组成的会堂式教堂是这座庞大修道院的中心。为庆祝葡萄牙发现前往东西印度群岛的新航线，曼努埃尔下令修建这座教堂。教堂内安放着瓦斯特·达伽马与路易斯·瓦斯·德·卡蒙斯之墓，后者曾在他的史诗《卢济塔尼亚人之歌》中热情赞美达伽马。这篇发表于1572年的诗作，记述了探险家们的艰辛与成就。这篇诗作的传奇地位与令人陶醉的语言，让它可与塞万提斯、莎士比亚的作品比肩。热罗尼姆斯修道院的回廊充满异域风情。那里的浑天仪与基督骑士团的十字架象征着"大发现时代"。浑天仪是与曼努埃尔有关的航海装置，而基督骑士团曾为一些航行探索提供过资金支持。热罗尼姆斯修道院的装饰风格以文艺复兴时期古典风格图案为主。

在附近，向外伸向塔霍河的贝伦塔，旨在保护里斯本港口免受来自大西洋的进犯。这里的一尊犀牛石像，代表着1515年曼努埃尔赠予教宗利奥十世的活犀牛。

这些曼努埃尔式的建筑物彰显了葡萄牙的自信，炫耀着为航海活动提供资金支持的巨大财富。其他重要建筑物包括托马尔圣殿骑士建筑群的部分设施（尤其是教堂上层的唱诗班席）、塞图巴尔"耶稣教堂"

内部以及布拉加大教堂祭坛画。科英布拉圣克鲁什修道院的曼努埃尔式牧师会礼堂里有一道航海探索题材的檐壁。16世纪波尔图慈悲教堂内的画作《生命之泉》描绘了曼努埃尔及家人立于十字架上的基督流出的一片血泊周围的场景。那个时期的主要艺术家包括维塞乌画家瓦斯科·费尔南德斯（约1475—约1542年）。1506—1511年，他为拉梅古大教堂凹殿创作了20幅画，其中的5幅保存至今。如今，这些画收藏于该处博物馆的旧主教宫内，这些画作的现实主义风格与绝妙配色彰显出上乘品质。游客可以在维塞乌大瓦斯科博物馆内欣赏到他的作品。博物馆反映出北部文艺复兴时期佛兰德画家的影响，尤其是在自然主义风格与光线的运用上。

曼努埃尔式建筑几乎是最后一批哥特式建筑。随后出现的是在若昂三世统治时期，更加素雅的文艺复兴式建筑。值得注意的是，人们不应该对这种变化轻易进行过度解读。其实，这种低调的风格与若昂统治时期出现的开支紧缩相一致。具体表现是要求节俭与反铺张浪费的立法，以及若昂对宗教裁判所的支持，建筑装饰变得不再重要了。但是，19世纪晚期，随着"新曼努埃尔式"建筑特征的流行，曼努埃尔式风格得以复兴，例如佩纳宫，尤其是其中的特赖登拱门与阿拉伯厅。

在这一时期，葡萄牙为人们记录了一段辉煌的历史。曼努埃尔委托历史学家杜阿尔特·加尔旺创作《阿丰索·恩里克国王纪事》一书，记录葡萄牙第一位国王生平的功绩。这本成书于1505年的著作描述了阿丰索1139年在奥里基战役中大败摩尔人的事迹，以及1147年从摩尔人手中夺回里斯本的故事。因此，这段历史向人们表明，国王作为基督教信仰保护者的传统角色是经得起考验的。在当时的紧急关头，书中的解读至关重要。因为，它是对葡萄牙海外扩张的辩护，也为葡萄牙在与邻国西班牙争夺威名时做出了贡献——尤其是在当时，教皇正为西班牙、葡萄牙的跨洋领土争端进行仲裁，两国都力争取得"基督教世界捍卫者"的威名。在描述葡萄牙英勇无畏的精神方面，继加尔旺之后还有国宝诗人卡蒙斯。

葡萄牙大力支持教会，具体包括在1544年将埃武拉上升为大主教辖区，并确保阿尔加维脱离西班牙塞维利亚大主教辖区。1550年，埃武拉兴建大学。1573年，国王塞巴斯蒂安一世为纪念奥里基大捷，下令在卡斯特罗韦尔德修建了王家大教堂。

半岛政治

葡萄牙与卡斯蒂利亚关系的缓和，极有利于葡萄牙的扩张运动。起初，基于长期形成的模式，双边关系恶劣。事实上，葡萄牙与卡斯蒂利亚在1475—1479年的卡斯蒂利亚王位继承战争中曾短暂交锋。卡斯蒂利亚国王恩里克四世（1454—1474年在位）同父异母的妹妹伊莎贝拉与恩里克的私生女胡安娜·贝尔特兰尼佳，都宣称自己拥有王位继承权，继而拉开了继承战的序幕。伊莎贝拉因为嫁给堂弟（阿拉贡法定继承人斐迪南）而取得阿拉贡的支持。力挺胡安娜的是葡萄牙，因为她嫁给了自己的舅舅阿丰索五世，而阿丰索又自称是卡斯蒂利亚与莱昂国王。贵族内部意见不合，但伊莎贝拉在战场上取得胜利，因而赢得王位，而阿丰索几乎使葡萄牙破产。

此后，双方关系逐渐改善，两个大国还能在欧洲以外的事务上达成共识。1479年，据《阿尔卡索瓦斯条约》规定，卡斯蒂利亚放弃自己在几内亚与黄金海岸的贸易权主张让渡给葡萄牙。1481年的教皇手谕认可了这项协议。该协议表明，葡萄牙长期以来都愿意从其他国家购买奴隶。《阿尔卡索瓦斯条约》也为1494年的《托德西利亚斯条约》奠定了基础。1494年的条约是西班牙与葡萄牙两国在教皇仲裁下，将新"发现"的土地沿佛得角以西370里格子午线进行的分割。该条约纠正了此前教宗亚历山大六世颁布的，明显偏袒卡斯蒂利亚的1493年敕令。若昂二世为进行这次修订，曾以武力相逼。根据条约的规定，葡萄牙获得分界线以东领土，卡斯蒂利亚得到分界线以西的地方。事实上，非洲、印度洋及后来"发现"的诸如巴西的国家都归葡萄牙所有。若昂为集中精力在非洲开疆拓土，而放弃了征服卡斯蒂利亚的野心，双方关系得以缓和。

1491年，年仅16岁的若昂之子阿丰索去世。他在塔霍河岸上骑马游猎时从疾驰的马背下摔下，重伤不治身亡。但是，有传闻说他是被西班牙间谍所杀。因为，西班牙担心阿丰索王子通过与阿拉贡国王斐迪南及卡斯蒂利亚女王伊莎贝拉之女伊莎贝拉的婚姻，宣称对西班牙的继承权。若昂面对妻子与西班牙统治者的反对，未能立私生子（科英布拉公爵豪尔赫）为嫡嗣。因此，若昂的王位就留给他的堂弟兼女婿——贝雅公爵曼努埃尔。曼努埃尔后来继位成为曼努埃尔一世。1484年，若昂二世为限制大贵族的权力，下令让人捅死曼努埃尔的兄长维塞乌公爵迪奥戈。1483年，若昂已经在埃武拉以叛国罪之名将布拉干萨公爵斐迪南二世斩首，埃武拉距斐迪南二世公爵权力中心不远。

为解决葡萄牙与西班牙两国利益争端，明确扩张区域，《萨拉戈萨条约》（1529年）规定出一条东亚地区的分界线，与《托德西利亚斯条约》中那条相呼应。这个过程极大地降低了葡萄牙活动的潜在威胁与代价。葡萄牙王室与哈布斯堡王室之间的政治联姻进一步确保了这种结果。1497年，曼努埃尔娶阿丰索王子的遗孀伊莎贝尔为妻；1525年，曼努埃尔一世之子若昂三世与奥地利的凯瑟琳结为夫妻；1526年，曼努埃尔之女葡萄牙公主伊莎贝拉嫁给查理五世——这次联姻在西班牙国王腓力二世最终宣称对葡萄牙王位拥有继承权的事件中，起到关键作用；1543年，若昂之女玛丽亚·曼努埃拉嫁给未来的腓力二世。16世纪的大部分时期，葡萄牙与西班牙关系友好和睦。这与两国早期及后来剑拔弩张的关系形成鲜明对比。

葡萄牙在印度的角色既为它带来财富，也给葡萄牙以强烈的使命感。两者融合的产物是一座座宏伟壮观、拔地而起的教堂。"王家伍一税"（对贵金属和包括奴隶在内的商品征收两成的税）借由贸易为君主及王室成员带来巨额财富。

在很大程度上，葡萄牙贸易活动的起点与终点都在里斯本。因此，国家对贸易的控制就相对容易了，这也有助于王室从中牟利。波尔图与阿尔加维的港口并没有这种功能。"印度之家""几内亚与米纳之家"建在里斯本河岸上的王宫中，它们是国家垄断的象征。两处基地由同一主管负责，还配有几个金库与行政官员。这些政府官员负责监督货物装卸，并处理合同、税金等所有商务事宜。名为"几内亚与印度仓库"的海军军火库解决了从船坞到海图供给方面的各种航海问题。隶属于该部门的水文局负责回收发放给领航员的海图。为提高海图的准确度，返航的领航员需上交自己的海图与航海日志以供审查。

贸易在给国君带来财富的同时，也让一些探险家发家致富。那些功成名就的幸存者获得土地，建起豪宅。他们还在身后留下一些坟墓以供瞻仰。例如，位于旧蒙特莫尔的迪奥戈·德·阿赞布雅之墓。帝国贸易，给葡萄牙举国上下带来财富与活力。同时，里斯本的街道也变得前所未有的国际化，街上先是有了非洲人，后来还有了南亚人、巴西人。造船业发展壮大，如维拉杜康德的造船业。

越洋扩张给勇于冒险的人带来特别的机遇。16世纪90年代，葡萄牙雇佣兵迭戈·维罗素试图控制柬埔寨，结果在1599年被推翻。同年，效力于阿拉干国王的葡萄牙冒险家菲利普·德·布里托成为沙廉总督。他让沙廉取得了政治独立，并因此在1602年获葡萄牙政府表彰。在1613年缅甸人成功围攻沙廉之前他一直控制着那里。最终，布里托被钉在尖桩上处死。

葡萄牙的戏剧之父

剧作家吉尔·文森特（约1465—约1536年）可能生于基马拉斯。他与曼努埃尔一世、若昂三世的宫廷均有交往，若昂二世的遗孀莱昂诺尔王后曾是他的恩主。在《牧羊人的朝拜》的启发下，文森特创作出首部戏剧。1502年，这部作品公演。文森特既是剧作家，还是演员。他笔耕不辍地创作宫廷戏剧，直到1536年才结束。除宗教剧外，他的作品还包括喜剧、悲喜剧。他在剧中讽刺了人性的弱点，包括社会群体的缺陷。1561—1562年，《文森特全集》第一版于里斯本面世，但是宗教裁判所试图限制他作品的影响力。

葡萄牙败于撒哈拉沙漠以南的非洲

与此同时，葡萄牙也积极在非洲扩张领土。葡萄牙人在沿海阵地移民定居，却在莫桑比克、安哥拉腹地吃了败仗。葡萄牙在这两个地方都遭遇了顽强抵抗与恶劣环境。事实表明，在非洲土垒防御工事面前，葡萄牙的大炮没有多少作用。同时，火枪的开火间隔长，非洲战斗队形开放，这些都降低了火器的战斗力。当时，葡萄牙人只有在当地军队的支持下才能打胜仗。

1575年，葡萄牙人在今安哥拉建立罗安达基地。这是大西洋海岸的那个地区的唯一天然港口。当时，罗安达基地是该区唯一的欧洲基地。葡萄牙人与内陆的恩东戈王国结盟。1579年，葡萄牙人被赶出罗安达，伤亡惨重。1580年，他们利用自己与刚果王国缔结的同盟关系，向恩东戈挺进，结果被打败。此后，葡萄牙人利用盟友刚果及驻扎在宽扎河上的葡萄牙海军，逼许多当地统治者倒戈，放弃与恩东戈的联盟，转向葡萄牙。在他们的帮助下，葡萄牙在1582年的马桑加诺之战中击败了一支恩东戈部队。1590年，葡萄牙对恩东戈核心区域发动全面进攻。但是，葡军在卢卡拉河附近被全歼，结果导致葡萄牙联盟崩溃。1599年，双方达成和解，葡萄牙势力范围因此被限制在沿海地带。葡萄牙人在战场上的表现部分由于火器的使用，但是他们的冷兵器也许更加重要。在战斗中，葡萄牙人用重步兵作为核心力量，将当地弓箭手部署在军队两翼。

疾病确确实实是个大问题，尤其是在赞比西河谷。1571—1573年，葡萄牙为攫取穆塔帕的黄金，向赞比西河谷派出一支由700名火枪手组成的远征队。结果，大多数士兵死于疾病，远征队也没有发现金矿。

疾病导致人亡马死，失去马匹又进一步影响了葡萄牙调遣骑兵部队。1575—1590年，在安哥拉服役的葡萄牙士兵中，约有60%的人死于疾病；剩下的大多数人要么战死沙场，要么当了逃兵。

葡萄牙人摆明想要复制西班牙人在新大陆的成功。然而，他们的表现向世人揭示出欧洲军事体制在以陆地战为主的撒哈拉沙漠以南的非洲，完全没有战斗力。那里的环境也比新大陆恶劣得多。墨西哥与秘鲁人口众多、农业发达，因此入侵者可以获得充足的资源。然而，非洲缺乏可与之相比的仓库、可供掠夺的食物与能够使用的道路。在政治上，墨西哥、秘鲁的集权程度也更高。因此，一旦它们的君主被捕，国家也就更容易被接管。但是，非洲大部分地区的情况并非如此，葡萄牙人还发现，非洲人装备更加精良。在某种程度上，他们那精心打造的铁质武器跟葡萄牙人的钢质武器一样结实，而且肯定比新大陆的木棒、黑曜石锋利得多。

摩洛哥的大难

然而，一场重大失败出现在摩洛哥。虽然空间邻近确实是个重要因素，但摩洛哥之战提醒人们，葡萄牙人并未让海洋阻挡自己的脚步。葡萄牙人在摩洛哥投入了远多于在印度洋的精力，可是葡萄牙人在印度洋的征伐留下的历史记载更多。1502年，瓦斯科·达伽马第二次航行时有20艘船随行。然而，阿丰索·德·阿尔布克尔克想组建一支由3000名葡萄牙人组成的大舰队。1513年，阿丰索进攻亚丁时，指挥着一支由1000名葡萄牙人与700名当地弓箭手组成的军队。相比之下，虽然这些数据不太可信，可据说1471年，葡萄牙人动用足足400艘船、3万人攻占了摩洛哥海岸的艾西拉。在"非洲人"阿丰索五世的大力支持下，葡军在1458年占领阿兰卡斯，1471年攻克拉腊什与丹吉尔（此前屡次未能夺得丹吉尔，时间分别是1437年、1463年与1464年），1505年夺取阿加迪尔，1508年夺取萨非，1513年夺取艾宰穆尔，1514年夺取马扎冈。葡萄牙就此控制了摩洛哥大西洋海岸的大部分城镇，并进一步控制该地区贸易。此外，葡萄牙人通过对海岸的控制，扼住内陆命脉。

葡萄牙人不仅在人数与枪支性能上占有优势，他们的战术也更胜一筹。但是，摩洛哥的一次重大变故扭转了局面。费斯的瓦塔斯人不及他们的对手萨阿德人勇猛，因而被驱逐出摩洛哥的大部分地区。萨阿德人整改军队，将火绳枪兵、野战炮兵加入现有队伍中，并在战场上发展出步兵、骑兵联合作战战术。他们的轻骑兵比葡萄牙辎重更重的骑兵部队灵活。1541年，萨阿德人攻克阿加迪尔。葡萄牙人被迫放弃了萨非（1542年）、艾宰穆尔（1540年）与艾西拉（1549年）。

塞巴斯蒂安生于1554年。1557年，由于父亲若昂王子英年早逝，塞巴斯蒂安登上王位。事实上，父亲去世后18天，塞巴斯蒂安才出生。之所以取名"塞巴斯蒂安"，是因为他正好降生于圣徒塞巴斯蒂安的主保节（1月20日）。他从小就接受严格的宗教教育，并视摩洛哥为十字军东征的对象。塞巴斯蒂安想利用摩洛哥的国内分歧渔利。1576年，摩洛哥国王穆罕默德·穆泰瓦基勒被叔叔阿卡德·马利克（在土耳其支持下）废黜后，向塞巴斯蒂安求助。不成熟的塞巴斯蒂安想把穆罕默德变成附庸国统治者，于是在1578年不顾军中众将反对，率领一支由17000名士兵组成的军队深入摩洛哥腹地。

虽然双方人数悬殊，且葡萄牙军队缺乏重要的骑兵团，但塞巴斯蒂安仍一意孤行地认为自己的步兵团将会战胜摩洛哥的骑兵团。8月4日，他与对手在凯比尔堡交战。塞巴斯蒂安将步兵团部署为纵深方阵，骑兵部队位于两翼，炮兵打头阵。摩洛哥军队由一列列火绳枪兵组成，包括骑马的火绳枪兵在内的骑兵部队殿后、打两翼。摩洛哥人先发制人，派出骑马的火绳枪兵不断进攻葡萄牙军队。孤立无援的葡萄牙炮兵部队被冲散。但是，葡萄牙步兵骁勇善战，痛击摩洛哥步兵。摩洛哥骑兵发动的第二轮进攻击退了两翼的葡萄牙骑兵。然而，摩洛哥人再次失去冲劲。葡萄牙步兵再度发动进攻，结果却在己方左翼打开一个缺口，被摩洛哥人充分利用、大搞破坏。骑在马上的摩洛哥火绳枪兵随即让葡军右后翼变成一盘散沙。最终，塞巴斯蒂安的军队分崩离析。这比1437年远征队在丹尼尔的那次灾难性失败还要严重。在1437年，葡军因饥饿难耐被迫投降，并许诺归还休达。但是，葡萄牙并未信守承诺。1578年，有赖于高超的指挥力，严明的纪律，更加灵活的部队、战术以及节节战事，技术精湛、训练有素的摩洛哥军队取得压倒性胜利。国王塞巴斯蒂安遇害，全军覆没，士兵不是被杀就是被捕。一些葡萄牙俘虏参与摩洛哥行军穿越撒哈拉沙漠的行动，取得成功。1590—1591年，他们入侵了尼日尔河谷。

但是，葡萄牙长期一直流传着塞巴斯蒂安藏身山洞幸免于难的说法，人们还预言他会卷土重来。例如，在若昂·德卡斯特罗记录版本的贡萨洛·阿内斯·班达拉的《民谣》里就有这样的记载。正如17世纪60年代与安东尼奥·维埃拉神父相关的传说那样，所谓的"塞巴斯蒂安主义"让关于第五帝国的预言在民间流传开来。这些预言反映出葡萄牙人深深的挫败感与强烈的耻辱感。自1580年起，不得人心的西班牙统治使葡萄牙人清醒地认识到这一点。本来，葡萄牙在从巴西到东印度群岛的广阔世界里，正在成长为一个强大的帝国。而如今，葡萄牙的胜利被蒙上了一层阴影。在摩洛哥遭遇的失败，让葡萄牙的第一个黄金时代戛然而止。

第六章

来自邻国的篡位者

虽然如今"印度之家"已空空如也，
但西班牙无论如何都比已经破产的葡萄牙要强大得多。

西班牙征服

　　1578年凯比尔堡的战役，直接导致两年后葡萄牙失去独立地位。塞巴斯蒂安未婚无嗣，他的继任者是他的叔祖恩里克。恩里克是曼努埃尔一世的第五子、若昂三世的弟弟。恩里克即位后，称为恩里克二世（因为阿丰索·恩里克，即阿丰索一世的父亲、葡萄牙伯爵恩里克是恩里克一世，所以人们通常不称塞巴斯蒂安的叔爷爷恩里克为恩里克一世）。恩里克年迈多病，暮气沉沉。自1545年起，他就担任红衣主教。这个例子说明，教会像军事教团、军队一样，普遍被人们用来为家中多余的兄弟们提供生计。"纯洁者"恩里克先后出任过布拉加、埃武拉与里斯本的大主教。没有子嗣的恩里克试图摆脱自己曾许下的宗教誓言，如此一来他就可以结婚生子了。但是，教宗格列高利十三世不愿惹恼西班牙国王腓力二世，因此拒绝了恩里克的请求。腓力是反宗教改革运动中最显著的统治者。1580年1月31日，恩里克在他68岁生日之际去世。在当时，活到这把岁数也很不错，但问题是，恩里克没有指定王位继承人。

　　王位继承引发了争议。塞巴斯蒂安的舅舅腓力二世和克拉图修道院长安东尼奥宣称拥有继承权。安东尼奥是曼努埃尔一世之孙，曼努埃尔次子的私生子。布拉干萨公爵也是王位继承人之一。因为，第六代布拉干萨公爵若昂通过他的妻子（若昂三世之弟的女儿）与岳母，有权继承王位，但是，他没有要求继承。安东尼奥在凯比尔堡被抓。不过，对方没有意识到安东尼奥的经济价值，使他得以自付赎金、重获自由。事实上，关于这样的王位继承争端，历史上是有先例可循的。

　　若昂一世虽是私生子，但他在1385年登上王位，并创建了阿维什王朝。然而，安东尼奥没有在贵族阶级与高级神职人员那儿获得多少支持。这些人很多都被腓力二世收买了。与若昂一世在1385年的情况一样，安东尼奥的支持者更多来自俗世与教会的下层阶级。

1580年7月19日，安东尼奥在圣塔伦宣誓为王。但是，早在6月，身经百战、意志坚定的第三代阿尔瓦公爵费尔南多已率一支由47000人组成的西班牙军队入侵葡萄牙。西班牙之所以能召集如此数量庞大的一支军队，是因为一项《和约》规定，根据该《和约》，1579年西班牙已从低地国家撤军。后来结果表明，这项《和约》也只是暂时性的。还有另一个原因是，腓力有钱雇用德国、意大利的散兵。这是那个世纪最成功的战役之一，它与早期西班牙的进攻及17、18世纪的进攻形成对比。6月18日，阿尔瓦未遇抵抗就拿下埃尔瓦什的前线堡垒。9日后，他进一步率兵深入葡萄牙。阿尔瓦得到一支加的斯舰队的支援，舰队士兵在卡斯凯什登陆。7月18日，塞巴图尔陷落。在安东尼奥带领下的葡萄牙人寡不敌众。8月25日，葡军在阿尔坎塔拉遭遇重创。两日后，里斯本在巷战中失利沦陷。9月8日，科英布拉也步其后尘。吃了败仗的葡军逃往波尔图，但未能争取到任何支持。10月24日，自海上来的西班牙军队在桑乔·达维拉将军的率领下占领波尔图。

托马尔议会承认腓力为葡萄牙国王。1581年3月25日，腓力被加冕为葡萄牙国王腓力一世。安东尼奥此前已携带葡萄牙御宝逃往法国，并承诺将巴西割让给法国。作为回报，法国对他表示支持，包括派出一支六七千人的军队助他在亚速尔群岛站稳脚跟。亚速尔群岛斜穿过多条海上航线，地理位置具有战略意义。1581年，西班牙远征队争夺亚速尔群岛失利后，在1582年、1583年两度出击，结束法国对该群岛的控制。1582年7月26日，西班牙人在圣米格尔岛不远处击败一支更大的法国舰队，突破封锁，成功登陆。安东尼奥再度逃亡了法国。但是，他担心遭到西班牙间谍的暗杀，后来又去了英国。1595年，安东尼奥死于巴黎。

葡萄牙作为世界两大越洋殖民帝国之一，已被自己的对手西班牙帝国接管，而西班牙相对也没费多大力气。这与葡萄牙与伊斯兰教国家之间的竞争形成鲜明对比。这个反映出16世纪欧洲政治中王朝主题的核心地位：随着塞巴斯蒂安与恩里克的相继去世，王位空悬，却没有强力的继承者，阿维什王朝后继无人，以致最终覆灭。它势必造成葡萄牙受制于外国，西班牙间谍追捕并杀害假塞巴斯蒂安。人们对这些冒充者的信任，反映出大家想让葡萄牙恢复独立的希望。

虽然如今"印度之家"已空空如也，但西班牙无论如何都比已经破产的葡萄牙要强大得多。情况与19世纪90年代时一样，严重的经济问题重创葡萄牙，使其无力维护自身利益。事实上，16世纪60年代末，虽然西班牙人位于1529年《萨拉戈萨条约》所划分界线中葡萄牙的西侧，但是他们以墨西哥为据点，确立起自身在菲律宾的统治。

葡萄牙航海家同样要效力于西班牙。因此，出生于埃武拉的佩德罗·费尔南德斯·德·库伊罗斯（1563—1614年）为西班牙海外航行活动担任首席领航员。1595年，佩德罗率领船队企图殖民所罗门群岛，但这次航行以失败而告终；1606年，他引导船队在如今瓦努阿图的埃斯皮里图桑托岛北面的大湾地区建立定居点。因为佩德罗以为自己到了南部大陆，所以他将整个群岛命名为"神圣灵魂的南部大陆"。

王朝接管的过程变得容易多了，原因是，君主愿意保留不同机构，并将惯例与特权区别开来。1603年，苏格兰与英国的情况也大多如此。当时，苏格兰国王詹姆斯六世成为大不列颠国王詹姆斯一世。腓力即位为葡萄牙国王腓力一世后，没有诞生新国家。在1583年以前，腓力一直待在里斯本。然而葡萄牙在1580年并未失去独立。腓力作为王位合法继承人，实行二元君主制——两国一君。随着时间的推移，尤其是17世纪二三十年代，在奥利瓦雷斯伯公爵领导下，西班牙的政策才日益变得"伊比利亚"起来。奥利瓦雷斯伯公爵是西班牙国王腓力四世（葡萄牙国王腓力三世）身边的铁腕首相。

根据1581年的约定，葡萄牙摄政王必须是葡萄牙人或者皇室成员。当腓力在1583年启程前往西班牙时，他任命自己的外甥红衣主教奥地利的阿尔布雷希特为葡萄牙总督。同时，阿尔布雷希特还被指派为教皇使节与葡萄牙宗教法庭庭长，直到1593年，他都担任庭长一职。1603—1608年、1612—1619年以及1633年，总督均为神职人员。1593—1600年、1621—1632年，军政府统治取代摄政王，引起对此前摄政条款的变更。在这两次军政府统治中，葡萄牙各界名流均参与其中，在前一届军政府中是里斯本大主教，后一届是科英布拉主教。腓力为征求意见，在马德里建立葡萄牙议会。这是基于腓力惯用的理事会管理模式而建。

宗教方面情况亦然。1592年，波兰国王西吉蒙斯德三世（1587—1632年在位）加冕成为瑞典国王。1597年，瑞典内战爆发。1599年，瑞典国王西吉蒙斯德被废王位。事实上，西班牙君主制时期见证了葡萄牙教会的复兴。葡萄牙教会实行意大利式改革，包括培养更加训练有素、更专业的教区神职人员。

沿着阿马兰蒂的圣贡萨洛教堂，游客们可以看到一座拱廊式廊台。廊台上陈列着一组葡萄牙君主雕像，腓力就位列其中。这个廊台是对修道院建造期间在位统治者的纪念。但是，在其他地方，西班牙统治者们就没那么招人待见了。因此，在18世纪布朗库堡的主教花园中，各国君主雕像被安放在扶手上，而西班牙君主只有半身像。事实上，葡萄牙人至今仍对西班牙统治时期怀有一种矛盾心态。自1640年起，经历那个时代的葡萄牙人的矛盾心理就特别明显。在现代，这种情绪依然没有发生改变。

西班牙帝国内战

西班牙国王的统治极大破坏了葡萄牙帝国的活动，威胁了它的安全，并限制了其扩张。即使当时葡萄牙与欧洲最强大的帝国西班牙紧密联系，这种情况还是发生了。1580年后，在很大程度上，西班牙有意用葡萄牙的资源来扩大自己在欧洲及别处的利益。这个过程在1588年以最戏剧化的形式上演。当时，西班牙"无敌舰队"从里斯本起航，对阵英国舰队。后来，在战场上打头阵的就是装载重火力的葡萄牙大型横帆船。尤其是在距格拉沃利讷不远处，葡萄牙军队承受着猛烈的进攻。1585年，腓力与英国开战，这场战争直到1604年才结束。西班牙与荷兰反叛者的战争从1566年持续到1609年。此外，1589—1598年，腓力对法国实行全面干预。面对这些对手与重重危机，西班牙帝国处于重重压力之下。

"无敌舰队"的进攻导致英国在1589年发动反击。英国此举旨在毁灭西班牙舰队的残余力量。当时，安东尼奥的出现，为英国提供了将西班牙人赶出葡萄牙，获得与里斯本通商机会的可能，正是在这种抱负的驱使下，伦敦商人才向政府提供了大量资金支持。结果是最坏的折中方案：英国军队在大西洋海岸上的佩尼谢成功登陆，距里斯本约80千米。英国人本希望农村地区会奋起支持安东尼奥，但结果表明那只是无稽之谈。英国军队穿过乡间前往里斯本，在长途跋涉的过程中不断有人死于中暑虚脱与疾病。与此同时，弗朗西斯·德雷克率领一支海军中队驶向塔霍河口，但是他未能突破守护里斯本入口处的堡垒。

倘若英国远征军直接驶往里斯本，通过两栖登陆进攻夺下堡垒，正如阿尔瓦在1580年所做的那样，里斯本也许早就陷落了，整个葡萄牙也将随之沦陷。如果德雷克当初突破堡垒，从无人防守的滨水区进攻里斯本，上述结果同样会发生。事实上，1587年，德雷克已在夜幕掩护下派出三桅帆船，对河口进行了大量调查。但是，多线操作，加之伊丽莎白一世及众将领缺乏远见、信心不足，让英国坐失良机、一无所成。这与1596年英荷联军猛烈进攻加的斯的情况截然不同。即使里斯本陷落，腓力二世也可以发动有力反击。

城市风光

1598年，里斯本以图画形式被记录在多卷本地图集《寰宇城市》第5卷中。该地图集的编辑是格奥尔格·布劳恩，投稿人包括安特卫普的佛兰德画家约瑞斯·霍芬吉尔等人。在地图的中央，稳居天际线的是圣若热城堡的堡垒。大教堂与里贝拉宫（后来毁于大地震）也很显眼。详图包含140个具有辨识度的重要特写。里斯本下城区在图中保留着中世纪的街道布局。和现代葡萄牙相似的是，在附近的一座山上有许多风车。

西班牙用葡萄牙的资源为自己效力的政策转向至关重要。因为，在1580年前，葡萄牙曾拥有重要机遇期。它并未参与意大利战争，以及与之相关的1494—1599年法国与哈布斯堡王朝争霸的战争。葡萄牙也没有卷入由宗教改革运动引发的"宗教战争"。因此，不同于其他欧洲国家，葡萄牙凭借其有限的人口基础，将军事资源用于欧洲以外的活动。它由此打开的军事局面，预示着它的效仿者英国在1815年滑铁卢战役取胜后，在19世纪大部分时期的地位。英国作为一个有扩张主义倾向的大国，雄霸欧洲边缘，相对置身于欧洲大陆斗争之外。

当葡萄牙成为西班牙帝国的一部分后，它就成为西班牙帝国进攻的目标。由于葡萄牙帝国诱人的财富与明显的脆弱性，它变成令人垂涎的牺牲品。在1580年以前，葡萄牙的全球军事经济体系已面临诸多问题。1580年后，这些问题变得更加棘手。然而，1580年前，英国对葡萄牙贸易的干预只是小打小闹，主要集中在几内亚海岸。此后，葡萄牙属地直接受到英国对西班牙海上世界及殖民地进攻激增的影响。"东印度人"船队由大型克拉克帆船组成，当它们满载巨额财富，穿过亚速尔群岛前往葡萄牙途中，遭到了英国舰队袭击。1591年，在亚速尔群岛不远处，一支英国私掠船队俘获"圣母号"大型商船，摧毁"圣克拉拉号"。不过，第三只克拉克帆船"圣贝尔纳多号"躲过另一支英国军队的进攻，平安抵达里斯本。此后，葡萄牙船只从东方返航时就不敢再经过亚速尔群岛了。

1591年，第一艘英国船只抵达印度洋。1592年，在船长詹姆斯·兰开斯特的带领下，"爱德华·博纳旺蒂尔号"俘获3艘葡萄牙船只。兰开斯特此前曾效力于葡萄牙人。1595年，兰开斯特船长又指挥一支舰队，占领葡萄牙在巴西伯南布哥的基地，斩获丰厚的战利品。他还指挥过英国东印度公司于1600年组建的第一支舰队。

荷兰人也成为海上贸易的严重威胁。1594年，腓力下令禁止荷兰与里斯本贸易，结果使荷兰人开始对葡萄牙人的亚洲香料货源下手。1596年，第一支荷兰舰队抵达西爪哇的万丹。1602年，荷兰人首次在斯里兰卡登陆，向葡萄牙在那里的统治发起挑战。1605年，当地统治者接受荷兰帮助，将葡萄牙人从香料群岛上的安汶岛、特尔纳特岛与蒂多雷岛赶走。因为葡萄牙如今缺少必要的外交独立，所以无法决定如何更好地去应对此类侵扰。

沿海地区面临威胁，包括1596年英国洗劫法鲁的事件。因此，腓力下令采取防御措施。例如，为保护维亚纳堡港口，葡萄牙人开始在1592年修建防御工事。如今，游客可以参观那里的防御土墙。此外，1595年，塞图巴尔建起堡垒旨在保护并控制苏特雷河口。

"奴隶－食糖经济"的增长

西班牙统治葡萄牙的时期，见证了巴西"奴隶－食糖经济"的急剧增长。奴隶制长期以来就存在于葡萄牙。在罗马人、摩尔人统治时期，就有了奴隶制。因此，摩尔人在突击里斯本（1189年）、锡尔维什（1191年）时，分别俘获近3000名奴隶。反过来，在"收复失地运动"以后，被奴役的摩尔人成为劳动力，尤其是成为南部农业工人。西非海岸沿线的远征队最初是为寻找黄金而来，但很快就变成了抓捕奴隶。葡萄牙人发现，他们难以从西非腹地展开黄金贸易，但他们还是做到了。一部分原因是，奴隶成为交易黄金的有用中间商品。更重要的是，葡萄牙人除了用奴隶在非洲做交易外，还以他们充当在葡萄牙、马德拉岛糖料种植园中的劳动力。1441—1505年，有14万~17万名奴隶被贩卖到葡萄牙或马德拉岛。在葡萄牙，大部分奴隶从事家政服务。截至16世纪中叶，虽然波尔图奴隶人数只占总人口的5%，但在里斯本与阿尔加维，近1/10的人口都是奴隶。阿尔加维的拉古什成为奴隶市场。15—19世纪，奴隶被贩卖到葡萄牙。他们在阿尔加维、苏特雷河谷种植水稻，在盐田上劳作。这些地方用摩尔人充当劳力，以弥补葡萄牙人移民海外的人力损失。基因研究揭示，在这些人当中，撒哈拉沙漠以南的非洲母系部落占比最高。2010年阿兰卡斯的一项研究显示，这个比例为22%，为欧洲最高。

来自撒哈拉沙漠以南非洲的奴隶激起意大利人在商业、经济上的兴趣。奥斯曼土耳其人进犯并切断黑海奴隶贸易，意大利人因此将自己的专长从黑海奴隶贸易转向新兴的葡萄牙控制的非洲奴隶贸易，并注入资本。在这个过程中，意大利人的商业、经济利益起到至关重要的作用。与黑海贸易类似，新兴非洲奴隶贸易包括受保护的永久性海外贸易基地、海上远距离运输，以及进行投资长期见效的能力。意大利中间商的作用在下述事件中可见一斑。1470年，巴尔托洛梅奥·马尔基翁尼效力于佛罗伦萨的一个家族，充当他们在黑海奴隶贸易的代理。马尔基翁尼后来搬至里斯本，在马德拉岛创办糖料种植园，并从葡萄牙国王手中得到在几内亚海岸从事奴隶贸易的特权。

葡萄牙人在鉴定奴隶品质时的一个重要指标就是体力。该标准之所以重要是由于糖料种植的流行。艰苦的糖料种植任务成为奴隶贸易的最主要诱因。由于15世纪种植园奴隶制在马德拉岛的确立，那里成为葡萄牙最重要的食糖生产地。

这为巴西的生产提供了可资借鉴的模式，因为其他选择寥寥无几。当地人是重要的劳动力来源，但当地人要么在劫掠者来之前就逃跑了，要么就反抗他们。此外，殖民者在巴西内陆一些地区劫掠奴隶，但这些地方远离沿海农业中心。因此，当地奴隶对边疆地区尤为重要，特别是亚马孙河流域，那里远离非洲奴隶在沿海地区的到达点。葡萄牙在摩洛哥的失败，意味着像15世纪那样从摩尔人那里募集奴隶已不大可能。葡萄牙农民被迫移民到巴西，但也是杯水车薪。而且，他们也不适合从事糖料种植园内的重体力劳动。相比之下，葡萄牙把农民送到亚速尔群岛与马德拉岛上从事不太费力的工作，这种做法就成功得多。

巴西迅速成为葡萄牙领土中首屈一指的食糖工厂。奴隶劳动力、漫长的收获季节、相对温和的天气与相对来说大量未开垦的土地，使巴西在竞争中享有重大优势。事实上，占领未开垦的土地在美洲西部领土扩张中至关重要。巴西制糖厂的数量从1570年的60家，上升到1600年左右的192家。最初，葡萄牙殖民者强调使用当地劳动力，但是1560—1563年天花流行、1563年麻疹暴发，都极大削减了当地人口。由于劳动力缺乏，葡萄牙人转而从西非、安哥拉进口奴隶。作为食糖生产中心的巴西东北海岸与沿岸港口（如累西腓、巴伊亚）靠近非洲。这凸显了海洋的运输能力。海洋也是葡萄牙的一个重要优势。从非洲向巴西贩运奴隶的航程相对较短，这点特别有价值。原因是，短途航程连接起奴隶购买、销售环节，从而减少了信贷。与此同时，在短途航程中，奴隶的死亡率通常较低。

截至586年，巴西近1/3的奴隶来自非洲。截至1620年，由于奴隶贸易的增长，非洲奴隶占据了大多数。在16世纪最后25年里，近4万名非洲奴隶被贩卖到巴西，奴隶三角贸易给国王带来源源不断的收入。

因为，除将奴隶当作付给皇室的部分账款外，私人奴隶贩卖还要再交税。自16世纪70年代起，糖料生产的发展速度突飞猛进。因此，单单巴西就接收了17世纪输入美洲所有奴隶人口的42%。事实上，来到巴西的奴隶人数超过白人殖民者。这种流动是必要的，因为在巴西的糖料庄园，奴隶平均活不到8年。奴隶制带来的收益进一步促进葡属巴西扩张，尤其是沿着巴西北部海岸，1613年、1615年与1616年分别建立塞阿拉、马拉尼昂与帕拉三个总督辖区，1616年建立包括贝伦杜帕拉在内的新定居点。至于圣保罗，它是根据《托德西利亚斯条约》的规定，建在分界线以西的定居点。

巴西的"白色黄金"食糖经济为葡萄牙带来巨额财富，但也让它变成了靶子。1609年，荷兰与西班牙的12年停火协议到期。1621年，双方战火重燃，葡萄牙因而成为进攻目标。荷兰人将注意力集中在巴西东北部。1630年，他们占领巴西的累西腓。荷兰此次取得的成功说明葡萄牙殖民地的相对价值与脆弱性。

战争扰乱巴西食糖生产，因此食糖生产明显向西印度群岛转移。这是葡萄牙帝国面临的更广泛危机的一部分。1637年，荷兰人夺得圣若热达米纳，更名为埃尔米纳。葡萄牙人再未夺回此地。同样是在西印度群岛，沙马（圣塞巴斯蒂昂堡垒）在1637年也落入荷兰人之手，阿克西姆是在1642年沦陷的，阿克拉是在1659年。这些地方都没有被收复。事实上，西非成为英国人、荷兰人之间争夺的战场。

虽然荷兰人未能在1622年夺得中国的澳门，但他们也进攻了葡萄牙人在亚洲的阵地。荷兰人的进攻是葡萄牙帝国面对的普遍存在压力的一个方面。1629年，在很大程度上多亏柔佛苏丹的帮助，马六甲经受住了来自亚齐苏丹伊斯坎德尔·穆达的一场大突袭。但是，1622年，霍尔木兹不敌波斯皇帝阿巴斯一世的进攻而沦陷。因为它没有足够的炮兵部队。此外，英国敌对军事行动导致霍尔木兹无法获得海军支援。在斯里兰卡，内陆的康提王国向葡萄牙人施以巨压。1630年，兰德尼维拉岛葡军遇到伏击，海军元帅被杀。1638年，葡军再度败北，另一位海军元帅也战死。1640年，荷兰与康提王国的联合攻势导致葡萄牙占据的加勒、尼甘布沦陷。

联盟的瓦解

这些武装冲突带来的种种问题给葡萄牙、西班牙的关系带来了压力。17世纪二三十年代，西班牙与法国，以及荷兰、德国的王公贵族们冲突不断。西班牙为此提出的经济要求对葡萄牙而言过重，这也导致双方关系紧张。西班牙的诸般要求引发国民猜疑：国王的政策是否可靠？影响17世纪欧洲大部分地区的经济萧条，也让这些猜疑愈演愈烈，农业生产率下降，赋税与军需要求又遭遇经济低迷。事实上，1628年，一项亚麻布织品税导致波尔图妇女暴动。

葡萄牙人对西班牙的敌意变得愈发明显。西班牙国王腓力三世（1598—1621年在位）即葡萄牙国王腓力二世长期忽视葡萄牙。他只在1619年为了让葡萄牙议会确认儿子的王位继承权才去过葡萄牙，而且途中也处在西班牙军队的层层保护之下。腓力偏向西班牙人，让他们在葡萄牙担任要职。在葡萄牙及其他地方，西班牙国王腓力四世（1621—1665年在位），即葡萄牙国王腓力三世都不及他祖父那样精明能干。他坚持在葡萄牙任命西班牙人主事，这种做法十分不得人心。他还违反了葡萄牙国王腓力一世的担保。荷兰人对葡萄牙帝国的屡次进攻让人们清醒地认识到西班牙统治带来的种种弊端。

其他国家也面临严重问题，尤其是英国。1638年，苏格兰反叛爆发。在西班牙世界里，1640年5月，加泰罗尼亚叛乱开始。因此，伊比利亚半岛军队集中力量试图镇压那里的叛乱。当西班牙要求葡萄牙贵族参军，准备迎战加泰罗尼亚时，贵族们被迫做出抉择。这为葡萄牙造反提供了机会。早在1637年，埃武拉人反对新税的暴动就席卷了葡萄牙南部地区。

1640年12月1日，葡萄牙爆发全面叛乱。叛乱发言人是举棋不定的第八代布拉干萨公爵若昂，他是葡萄牙最重要的贵族之一。若昂宣称对葡萄牙王位的继承权。这种主张的提出基于其祖母卡塔琳娜与高曾祖父。若昂的祖母是曼努埃尔一世的孙女，而他的高曾祖父则是曼努埃尔的侄子。关键因素是时机。事实表明，不得人心、易受进攻的西班牙政府无力抵抗这次叛乱。在由40个阴谋者及其支持者们发动的政变中，米格尔·德·瓦斯贡塞洛斯与他的一个手下遇害。瓦斯贡塞洛斯自1635年起任国务大臣。萨伏伊的玛格丽特获准返回西班牙。她从1635年起就是葡萄牙总督。玛格丽特是葡萄牙国王腓力三世的表妹，曼努埃尔一世的后代。因为玛格丽特地位高于若昂，所以她被送往里斯本。此前，西班牙人为了让若昂不碍事，曾试图委以帝国职务，但均遭到若昂的反对。天才音乐家若昂在政治上多多少少有些不大活跃。他拒绝支持1637年骚乱，也没有在1640年的密谋中打头阵。西班牙传诏若昂去马德里，把他推上历史舞台。叛乱的重要支持者是小贵族、下层神职人员、耶稣会士与里斯本大主教。法国间谍也暗中鼓动着反叛。

最终玛格丽特被迫签署命令，让西班牙卫戍部队放弃阵地。除亚速尔群岛的休达、安格拉外，其他地方的卫戍部队均奉命行事。1640年12月7日，若昂即位为葡萄牙国王若昂四世。结果就是战争，这场冲突一直持续到1668年。1886年，人们在里斯本城中的"光复广场"上竖起一座方尖碑，以纪念葡萄牙恢复独立。方尖碑上记录着葡萄牙复辟战争中所有战役的名称及日期，基座上的两尊青铜雕像，象征着"胜利"与"自由"。

第七章

影响至今的葡萄牙独立战争

与西班牙的战争，是葡萄牙近代史上历时最久的一场。

因为新政权在葡萄牙国内迅速巩固了自身地位，所以1640—1668年，葡萄牙与西班牙漫长战争的焦点问题是边界争端与国际支持。1641年10月，宗教裁判所为西班牙利益发起一场反革命运动，但遭到镇压。参与者被处决，布拉加大主教塞巴斯蒂昂·德·马托斯·德·诺罗尼亚（西班牙人）与宗教裁判所裁判长弗朗西斯科·德·卡斯特罗被判终身监禁。直到1671年，新裁判长才走马上任。

一些被认为是有二心的官员也被处决。例如，新上任的国务大臣弗朗西斯科·德·卢塞纳。据说，卢塞纳与西班牙有勾结，1642年他被免职，1643年遭处决。不过，在某种程度上，这次行刑反映出议会向若昂四世施加的压力。作为病态政治的一部分，砍掉卢塞纳脑袋的屠刀正是当初处决叛国罪犯人的那把。许多大贵族反对新政权。

对西班牙的反对，让葡萄牙在1641年与荷兰、法国及瑞典结盟，并在1642年与英国联手。但是，葡萄牙没有与别国联姻。因此，葡萄牙王朝希望获得法国的认可。此外，葡萄牙与荷兰在殖民地的战争继续上演。结果，葡萄牙本土与葡萄牙其他领土依然处于巨大压力之下。

与西班牙的战争，是葡萄牙近现代史上历时最久的一场。这场战争从国内外层面，从政治、文化维度，界定了葡萄牙的以后所有时期。在某种程度上，人们至今难以明白这一点。

在战争中，交战区的特点使人们转而使用骑兵，尤其是因为在短暂的交战季节中，发动大量步兵部队十分困难。在某种程度上，这是由于天气炎热，交战季节短。在这种情况下，大批步兵移动缓慢，从而增加了为他们提供给养的负担。军队对骑兵的偏爱，也是出于战术上侧重非正规作战的考量，尤其是对补给车队的伏击。此外，为使敌方防御阵地不堪一击，也为炫耀武力，从而拉拢盟友，震慑敌人，突袭导致军队采用焦土战术。

连接点十分关键，它反映出桥梁数量的有限。补给线意味着在渡河时，这些连接点是道路系统的重要枢纽。新建或加固的防御工事提高了葡萄牙的防御能力。例如，1658年建成于沙维什的圣弗朗西斯堡垒、米尼奥河畔瓦伦萨的2座堡垒，以及阿尔梅达与萨布加尔的防御工事。

由于葡萄牙在蒙蒂茹取胜，埃尔瓦什市成功抵御了西班牙军队的围攻，1644年葡西边境冲突加剧。（埃尔瓦什防御工事如今是联合国教科文组织世界遗产地，游客可以在顶部城墙周围的步道上看到。）但是，17世纪四五十年代，西班牙将注意力放在与法国的战争上，以及最终在1652年对加泰罗尼亚叛乱的成功镇压上，而不是在葡萄牙身上。西班牙的这种专注反映出法国干预加泰罗尼亚事务给它造成的威胁。此外，1654年，葡萄牙与英国签订条约。当时，克伦威尔统治英国，英国与西班牙为敌。《葡英同盟条约》的缔结既为葡萄牙带来盟友的帮助，又使敌人数量减少，可谓一举两得。1659年，埃尔瓦什再度被围，不过西班牙人在1月17日被从浓雾中赶来的援军彻底打败。

1659年西班牙与法国签署的《比利牛斯和约》，使前者可以将注意力集中在葡萄牙的身上。不久后西班牙与英国缔结的和约也推动了这一进程。此外，1661年，西班牙与荷兰签署的《海牙条约》对葡萄牙来说也起到相同作用。面对新挑战，葡萄牙人集结国际武装力量，特别雇用了英国、苏格兰士兵，因为那里的雇佣兵在英国内战与三十年战争结束后处于闲置。1662年，查理二世迎娶葡萄牙国王之姐布拉干萨的凯瑟琳，丹吉尔与孟买正是她带去的嫁妆。尽管法国在1659年向西班牙许诺不再对葡萄牙提供援助，但葡萄牙仍得益于法国源源不断的支持。

腓力四世拒不接受失去葡萄牙的事实，他仍自诩为葡萄牙国王腓力三世。因此，西班牙不断对葡萄牙发动进攻，但未能取胜。1663年，此前占领了葡萄牙南部并在5月22日攻下埃武拉的西班牙人在前往里斯本途中，在埃斯特雷莫什西北的阿梅西亚尔惨败。6月8日的阿梅西亚尔大捷让西班牙伤亡惨重，但对葡萄牙来说则是场关键性胜利。约有8000到1万名西班牙士兵被杀或受伤，而葡萄牙方面的伤亡人数只有1000人。西班牙的大炮悉数被缴。在这场战役中：

> （帮助葡萄牙人的）英国雇佣兵前进时喊着口号，就像打了胜仗似的。但是，他们直到走近敌人几步远时，才开始射击。接着，英国人的子弹像雨点一般密地打在西班牙人的头上，使他们不得不放弃阵地，奔逃到左翼，弃大炮于不顾。后来，这些大炮又被用来进攻西班牙人，情况对他们很不利。尽管值钱的行李、马车、昂贵的战利品就在山顶上，但英国人看到战场上的障碍并未被清除，因此没有人敢从队伍中动一下，而是靠在一起防范第二轮进攻。新一轮进攻马上就开始了。英国军队的前、后及侧翼均遭到敌军骑兵冲锋队的进攻。但是，由于英国士兵随时准备开火，他们很快就摆脱了这些敌军。他们的表现源于坚定的决心，而不是任何管理与命令的产物。因为，当士兵们聚拢在一团时，他们听不到军官的声音。每个士兵由于惧怕敌人，自己给自己发号施令。当这些普通士兵一个个地倒下时，人们欣喜地看到，他们身上的勇气与信念体现得淋漓尽致。

葡萄牙军队中包括3000名英国后备军，而人数更多的西班牙军队中则有意大利和德国的雇佣兵。葡萄牙军队指挥官是第一代费洛尔伯爵桑乔·马诺埃尔·德维列纳。此前，他在巴西曾与荷兰人交过手，1659年还在埃尔瓦什打过仗。

6月的晚些时候，西班牙驻埃武拉部队投降。1664年，葡萄牙军队在罗德里戈城堡面对人数更多的西班牙军队时，表现再次引人注目。1940年城里竖起的标志物是为了这场胜利。

最终，1665年6月17日，在维索萨镇附近的蒙蒂斯克，另一支人数众多的西班牙军队再度败北。西班牙人计划向里斯本行进，但因维索萨镇被围而行动受阻。这给西班牙先遣队泼了一盆冷水，也减少了军队的人数。葡萄牙人凭借杰出的作战水平与坚忍执着击退西班牙军队的一系列进攻。7小时后，葡萄牙人的反攻彻底击溃西班牙人。西班牙损兵折将，还丢了所有大炮。葡萄牙一方的英国步兵对阵效力于西班牙的瑞士步兵团。自15世纪起，瑞士步兵就以近距离作战能力而闻名。英国军队采用惯用战术，先靠近敌人再进行几次排枪射击，接着把长矛、火枪当作棍棒，向前冲锋。不同于阿梅西亚尔战役，在蒙蒂斯克拉鲁斯之战中，西班牙步兵并未逃跑。因此，一场激烈的近距离肉搏战随之展开。根据一段战时记录，敌对双方的步兵围着一口古井激战：

> **两军指挥官亲自用长矛作战。瑞士人有幸杀死肖姆伯格斯公爵步兵团的谢尔顿中校。梅尔少校同样用长矛进攻那个瑞士人，慷慨地为他的指挥官报了仇。他重重地将瑞士人打倒在地，正如瑞士人当初把谢尔顿先生击落一般。如此一来，英勇的两军指挥官也有了相同的命运。**

葡军指挥官是坎塔涅迪伯爵安东尼奥·路易斯·德梅内塞斯。他在

1640年的政变中扮演过重要角色，在1659年的埃尔瓦什之战中也功不可没。1661年，他获封成为马里亚尔瓦侯爵。

这是那场战争中西班牙人的最后一次入侵。腓力的继任者是年幼的卡洛斯二世（1665—1700年在位）。他身体虚弱、意志不坚。他的大臣们也不打算继续这场战斗。事实上，1666年，西班牙再度宣告破产。但是，冲突一直持续到1668年2月13日《里斯本条约》签署时才结束。在第一代桑威奇伯爵爱德华的斡旋下，《里斯本条约》终于签署。它迫使西班牙承认葡萄牙独立，认可布拉干萨王室的无上权威。如今，更让西班牙忧心忡忡的是法国的压力，尤其是在低地国家的遗产战争。1667年，法国人成功发动这场战争。

葡萄牙独立战争的遗产之一是建于1671年的弗隆泰拉侯爵宫作战室。为奖励第二代托雷伯爵若昂·德·马什卡雷尼什阁下在战争中的功绩，国王授予他弗隆泰拉侯爵封号。侯爵宫中的意大利风格花园同样令人称道。另一项遗产是大柏兰加岛上引人注目的堡垒。大柏兰加岛是距佩尼谢不远的一处自然保护区。

1656年，若昂四世去世。他的继任者阿丰索六世尚未成年。更严重的是，阿丰索身患疾病，也许是脑膜炎。他与路易十四形成鲜明对比，看起来他既不适合做国王，也不受控。阿丰索六世在1662年经受住一次政变的考验，但是1666年他与萨伏伊－内穆尔的玛丽亚·弗朗西斯卡（1646—1683年）的婚姻却是一场灾难。弗朗西斯卡与阿丰索六世的弟弟贝雅公爵佩德罗有染。佩德罗劝说阿丰索退位。1668年，葡萄牙议会认可了这一情况。佩德罗先成为摄政王，后加冕，成为佩德罗二世。

一场最早的"世界大战"

葡萄牙战胜西班牙,并不代表它在17世纪中叶的"世界大战"中取得胜利。由于西班牙无力进攻葡萄牙殖民地,这场战争在葡萄牙与荷兰之间展开。事实上,因为休达没有参与1640年的布拉干萨革命,只有休达为西班牙所占。时至今日,虽然人们可以在休达看到逾200年葡萄牙统治的痕迹(包括墙砖在内),但它依然是西班牙的领土。如果休达依然为葡萄牙所有,那么它最终也许会被割让给摩洛哥。

在1640年叛乱之前,荷兰人与葡萄牙人已展开全面战争,随后的叛乱并未改变这一点。巴西是双方冲突的焦点区域。早在17世纪30年代,荷兰军队在战场上旗开得胜的势头就已下滑。彼时,为葡萄牙人或西班牙人效力的那不勒斯军队比他们的荷兰对手技高一筹。那不勒斯军队更能适应地形变化,采取更加散开的队形,还常打伏击战。17世纪40年代,天平开始向葡萄牙人一边倾斜。1645年,葡萄牙种植园主爆发大规模反对荷兰统治的叛乱。1647年,荷兰派出一支大型远征队,但未能占领巴伊亚并进而稳定局势。

1649年,巴西贸易总公司成立。这显示出战争对葡萄牙经济造成的压力。巴西贸易总公司拥有大量贸易垄断权与其他贸易优势,作为回报,它同意提供36艘战舰,用于护送商船前往巴西。这是抵御荷兰进攻的一层强大且必要的保护。但是,面对包括资金短缺在内的一系列困难,巴西贸易总公司最终在1664年收归王国政府所有。此后负责执行护送任务的舰队规模就不如以前了。

由于荷兰联合省内不支持对葡萄牙的全面战争,加之,荷兰需要集中精力应对1652—1654年与英国的战争,荷兰在巴西的阵地也最终被削弱。虽然《塔博尔达条约》只是一项停战协定，但累西腓与其他荷兰阵地在1654年向葡萄牙人投降。因为殖民地的价值在很大程度来源于从事贸易活动的能力，所以累西腓相当重要。

荷兰人在亚洲要成功得多。在那里，他们与内陆的康提王国结盟。1638—1642年，他们一起赶走了斯里兰卡沿海地区的葡萄牙人。在此前的一场战斗中，葡萄牙人做出很大努力。与1629年的情况不同，在柔佛的帮助下，荷兰人也占据了马六甲及葡萄牙在印度马拉巴尔海岸的基地。葡萄牙人未能收复这些失地。

同样在1641年，葡萄牙人占领费尔南多波岛及安哥拉的两个港口：罗安达、本格拉。在17世纪早期就与荷兰结盟的刚果，也为荷兰人提供支援。但是，1648年，葡萄牙人用一支来自巴西的舰队收复这些阵地。这些收复的失地提醒人们注意大西洋互联互通的方面。它们也为南大西洋大一统的葡萄牙奴隶与食糖经济的显著复兴提供了基础。食糖经济确实成为葡萄牙的重要组成部分。1661年，《海牙条约》规定，荷兰认可巴西为葡萄牙所有。作为回报，葡萄牙要在16年内向荷兰支付400万里斯。

葡萄牙人也处于其他大国的压力之下。长期以来，与其说葡萄牙阵地的命运通常反映着阵地固有的优劣势，不如说反映出解围与收复失地的可能性，以及当地竞争关系与更广泛的大国对立模式的相互作用。能否解除围困是个关键因素。虽然果阿先后两次成功抵御比贾布尔苏丹国的进攻，并在1683年挫败马拉塔人进犯，但印度卡纳拉海岸上的阵地在17世纪50年代陷落。1650年，阿曼的阿拉伯人攻克马斯喀特。后来，他们发展起一支海军，进攻阿拉伯海附近的葡萄牙阵地。1668年、1676年，他们先后两次洗劫第乌。1670年，他们又突袭莫桑比克。在长期围攻耶稣堡后，他们最终在1698年占领蒙巴萨。耶稣堡之围始于1696年。当时，卫戍部队仅由50名葡萄牙士兵与一队忠诚的沿海地区阿拉伯人组成。但是，1696年、1697年自海上而来的援军增强了他们的实力。卫戍部队能消除围攻者的疲软大炮进攻的影响，但是他们感染了疾病，尤其是脚气病，还忍受着饥饿之苦。阿曼人向堡垒内发射尸体，结果传染病蔓延开来。

1670年，葡萄牙试图干预刚果内战，结果在基通博遭遇灾难性失败。葡萄牙帝国因此感觉到危机。此外，17世纪80年代，葡萄牙在安哥拉的领土扩张停滞不前。17世纪90年代初，葡萄牙在赞比西河谷也遭遇同样的命运。与16世纪时的情况一样，火枪手较慢的开枪速度及对手非线形、疏散队形的战斗方法降低了葡军的战斗力。此外，补给问题与疾病也给葡萄牙人造成严重打击。

谨慎的佩德罗

国际局势使葡萄牙处于巨大压力之下。在很大程度上，葡萄牙的王朝、大臣与贵族政治与国际紧张局势息息相关。葡萄牙宫廷内、大贵族中与教会统治集团里都有强大的法国、西班牙党派。这种情况使葡萄牙面临的压力进一步凸显。佩德罗二世不得不小心留意国内局势。自1668年起，他就担任阿丰索六世的摄政王。后来，他把阿丰索囚禁在亚速尔群岛，接着又转移到辛特拉，直至阿丰索于1683年去世。与此同时，佩德罗加冕为王，直到1706年去世才结束统治。1668年，佩德罗迎娶阿丰索的妻子、萨伏伊的玛丽亚·弗朗西斯卡。因为在她的第一段婚姻中，阿丰索从未与她同房完婚，所以弗朗西斯卡从教会得到婚姻无效声明。这些年间争论不休的政治问题与宗教裁判所有关。事实上，针对宗教裁判所受害人安东尼奥·维埃拉的报告以及一项司法调查的结果，教宗英诺森十一世在1674—1681年暂时关闭了葡萄牙的宗教裁判所。

1668年葡萄牙、西班牙之间的《里斯本条约》，让葡萄牙收益重大。它使佩德罗得以像其他欧洲君主一样，将注意力放在"专制主义"议题上。17世纪中叶的危机是由贵族阶级掌权、力压皇室政府所造成的。为了不重蹈覆辙，佩德罗将重心移回到后者。基于法国模式，他也采取重商主义政策，试图鼓励贸易、发展工业，尤其是纺织业。

但是，佩德罗处于重压之下，被迫在欧洲战事中表明立场。尤其是，在1700年以前，佩德罗要决定是与法国结盟，还是向法国当时的头号对手西班牙靠拢。1669年，路易十四充当佩德罗女儿的教父。此举象征着两国联盟关系里那父亲般的保护性。在当时，社会各阶层的人们都坚定不移地捍卫着自己的财产所有权主张。《条约》中的权利放弃声明随后就会被人矢口否认。因此，人们没有理由相信西班牙夺回葡萄牙的兴趣会减少。

但是，在与法国的联盟关系中，葡萄牙并没有表现得过于驯服。1669年，葡萄牙抵制住法国的压力，没有支持法国在东印度群岛对荷兰人作战的军事行动提案。1672年，葡萄牙也没有与法国国王路易十四、英国国王查理二世一道进攻荷兰人。

1675年，路易没能鼓动葡萄牙与他一起对西班牙作战。这与他成功将瑞典卷入与普鲁士的战争形成鲜明对比。佩德罗有自己的理由。1659年，法国在与西班牙谈判时，弃葡萄牙而去。法国可能会故技重施。此外，在法国与西班牙的所有战争中，法国的主要考量都是西属荷兰（现代比利时），但这并非西班牙关注的焦点。在所有法葡联合对阵西班牙的战争中，法国也许会攻占西属荷兰，而西班牙会转而进攻更加脆弱的葡萄牙，而不是法国。葡萄牙作为法国盟友所面对的问题与许多二流国家的窘境类似：没有强大盟友就无法取得优势，但在千变万化的联盟政治中，它们又太容易被抛弃。

同样地，葡萄牙也给法国带来小盟国常给大盟国带来的问题。这些盟国往往在自己需要帮助时才提供支持。它们提出的要求通常代价大、令人为难（正如1735年、1762年葡萄牙向英国提出要求时，英国将遇到的情况那样）。相反，当大国需要它们时，这些小盟国常常拒绝提供帮助。

宗教是影响决定的一个因素。1689年年初，为夺回早期落入新教徒之手的失地，宫廷传教士让佩德罗在印度洋进攻法国的敌人荷兰。与此同时，荷兰使节援引奥兰治的威廉三世获得信奉天主教的奥地利、巴伐利亚的支持后共同抗击法国的例子，来说明威廉的处事原则可不是忏悔式的。威廉三世最近刚从信奉天主教的英国统治者那儿夺取英国。号称"和平者"的佩德罗什么都没做。1699年，当威廉三世想方设法为没有子嗣的西班牙国王卡洛斯二世找寻可接受的天主教皇位继承人时，他提名佩德罗，但这个方案遭到法国国王路易十四的反对。

葡萄牙没有参与法荷战争（1672—1678年）与九年战争（1688—1697年），因此在1668—1703年避免了与其他欧洲列强交战。虽然在1580年前葡萄牙曾与别国对阵，但是在最近几十年间，没有战事，对葡萄牙来说是项不寻常的成就。实现中立需要在欧洲内外多加小心。因此，1697—1700年，由于法国迫切要求在亚马孙河流域为自己的卡宴殖民地建起边界防线，导致相关国家就亚马孙河以北的巴西的马拉尼昂展开争夺。因为，法国要求建立的边界将包括巴西北部。但是，冲突得以避免。最终，由于路易在欧洲事务上想获得葡萄牙的支持，所以没有继续施压。

随着欧洲因西班牙王位继承而开战，佩德罗选择支持法国。1700年，路易次孙安茹公爵腓力加冕为西班牙国王腓力五世。这将波旁王朝的势力带到葡萄牙的边境地带。1702年，英荷海军在靠近葡萄牙的西班牙维哥采取军事行动，并取得胜利。面对英荷海军进攻里斯本的威胁，面对葡萄牙获得新领地的可能，面对由奥地利王子作为候选人继承西班牙王位的承诺，1703年5月，佩德罗改变了立场。同盟国（奥地利、英国与荷兰）向葡萄牙做出的援助担保是由奥地利王子继承西班牙王位。这给葡萄牙提供了一个没有波旁家庭成员那么凶神恶煞的邻国。相反，路易十四清楚地表明，他无法向葡萄牙提供后者需要的高规格海军保护。考虑到葡萄牙海上航线与葡萄牙海岸易攻的特点，佩德罗对英荷海军进攻的担忧，绝不是毫无根据的。巴西黄金的重要性与葡萄牙海军的糟糕状况突出了这一点。同样，萨伏伊－皮埃蒙特的维托里奥·阿梅迪奥二世也改变了立场。他放弃与法国的同盟，转而投入奥地利、英国与荷兰的怀抱。第二流国家必须小心行事才能生存。

现实生活的考验

在政治背后，葡萄牙人的生活整体上依然严峻。事实上，直到20世纪下半叶，绝大多数葡萄牙人的生活都很困难。这种情况对整个欧洲，乃至世界大部分地区而言，都很普遍。

这不仅仅是葡萄牙一个国家的情况。但是，这并不是说我们就应该在一本关于葡萄牙的书中把这方面的内容排除在外。因为，它对于我们理解过去葡萄牙人的生活至关重要。除去诸如1505年瘟疫这样的流行病不谈，公共卫生与饮食对大多数人来说也是主要问题。他们的居住条件，尤其是同床共寝的习惯，易导致呼吸道感染高发。这是由人们隐私意识缺乏所导致的，而有限的住房资源才是罪魁祸首。

虱子横行与拥挤、洗浴设施匮乏及人们的衣服常穿不换的习惯有关。清洁在当时意味着穿干净的衬衣与内衣，而不是清洗。但是，能做到这两点的也只有少数人而已。无论贫富，人们在面对自然界中从虱子、床虱、跳蚤到绦虫的各种生物时，都没有多少防卫措施。

清水洗浴的习惯必定也是有限的。动物、粪堆距人又近，这也带来了问题。与欧洲其他国家一样，葡萄牙也是保存而非处理排泄物。人畜粪便被集中起来用作肥料。这是改善土壤地力的重要补给。尤其是在19世纪既没有进口鸟粪，也没有近代合成肥料的情况下，这就更显必要。

但是，这种肥料也存在健康风险，尤其是污染水源。从无排水设施的厕所与动物棚圈中溢出的污水流过街道，流在地表、渗入地下，通过透水的墙壁流入室内。斑疹、伤寒就是由此引发的。虽然如今患病的风险要小得多，但许多葡萄牙定居地的老城区往往还有股"下水道"味儿，要么没有下水道，要么下水道设施不足。人们今天在葡萄牙各地仍能看到当年葡萄牙人寻找肥料时留下的一个痕迹——鸽子与鸽子棚提供的肥料。最终，当鸽子老了或者粮食不够时，葡萄牙人会把鸽子给煮了。葡萄牙人采集海藻用作肥料也是出于同样的原因，尤其是在阿威罗附近的大潟湖附近。这种做法在当地延续至今。

在这些建于罗马时期的城镇中，有一个问题是，街道上没有广场喷泉与公共自来水。同时，在葡萄牙大部分地区，尤其是在没有深水井的沿海与低地地区，清洁的饮用水也成问题。河水常常泥泞浑浊，也可能受到人畜粪便的污染。同时，抽水又会受到污水影响。和欧洲其他地方一样，这种情况解释了发酵饮料为何受欢迎。

这也再次提醒我们，葡萄牙史在某种程度上就是欧洲史。与其他地方一样，营养不良以降低人体免疫力的方式导致传染病的传播。此外，营养不良降低人类性欲、减少性行为，阻碍妇女成功受孕。它还缓慢延迟性成熟，最终导致女性不孕。营养不良并不是唯一的问题：受孕失败一直以来都困扰着皇室。食物短缺与食品价格带来的问题导致大多数人即使在食物充足时，也无法做到膳食均衡。日常饮食对城市贫民来说是个突出问题。对他们而言，水果、蔬菜价格昂贵，更别提鱼、肉了。他们也常衣衫褴褛。农民吃的鱼、肉很少。随着人们对新大陆的探索，玉米之类的作物被引进葡萄牙，庄稼种类扩大。即便如此，农民也很少吃肉食鱼。

这种模式朝着现代葡萄牙饮食的方向发展，尤其是葡萄牙菜不太会用到牛肉，以面包为主的饮食和素菜汤依然是主流。例如，德拉什乌什蒙特什的"卡斯塔尼亚斯素菜汤"。这道汤由豆子、干栗子与大米熬制而成。

狩猎是获取肉食的重要来源，同时也是上流社会的娱乐方式。时至今日，烹饪兔子的食谱依然反映出这一点。例如，阿连特茹菜肴"葡萄酒烩兔"。源于里斯本瓦尔莫子爵宫的瓷板画如今陈列于拉梅古博物馆内，它描绘了人们用枪打鸟猎鹿的场景。

催生疾病的不仅仅是营养不良，恶劣天气，尤其是冬天，会降低人体免疫力。缺木少薪，再加上大多数住宅既潮湿寒冷又拥挤不卫生，使问题进一步恶化。顽疾让社区中的体弱者特别容易患病。真正的婴儿杀手是产褥热。直到19世纪，人们才了解其病因。即便是皇室后裔，儿童的存活率也低。

但是，政治社会因素对饥荒、疾病来说也很关键。生存危机不仅由食物供不应求造成。虽然这个问题也很重要，但源头性问题是葡萄牙的资源明显分配不均，以及政府作为有限。无论宗教慈善团体在多大程度上弥补了政府的这种缺失，无论宗教基金会与世人救济付出多少努力，问题仍未得到解决。这种模式持续至今。

在个体层面上，人们面对着充满敌意、变化无常的环境，只能逆来顺受、听天由命。结果，多年努力可能在顷刻间化为乌有。独立与灾难、贫穷与困顿之间的边界可能被轻易、快速地跨越，而且这事儿还时常发生。直到1750年左右，葡萄牙人均国内生产总值与其他西欧国家相比相当高。但是，那绝不意味着生活安逸。那个高峰过后，葡萄牙陷入大范围的经济萧条，生活标准普遍下降。直到20世纪，尤其是20世纪的最后25年，葡萄牙才从那次经济萧条中恢复过来。

在巴洛克时期的葡萄牙，养老金保障对大多数人来说根本就不存在。因此，人们不得不工作至死。疾病被认为是很不吉利的。在大多数情况下，葡萄牙医生都推荐放血疗法，疫苗接种后来才出现。与此同时，医生在社会上是遭到鄙视的职业。一些医生是"新基督徒"或者被人怀疑是新基督徒，因此医生的名誉也受到影响。医学改革的主体是外国医生。

那个时期的艺术包括精美的瓷砖画。今天，我们可以在原址及里斯本精彩绝伦的瓷砖博物馆看到这些艺术品。这些瓷砖艺术品收藏在之前一座修道院美丽的教堂与回廊中（那里的餐馆值得推荐）。但是，这项艺术没有捕捉到当时人们恶劣的工作环境。例如，由于小船易受风暴、潮汐的影响，捕鱼业极度危险。虽然发动机已改变这种情形，但捕鱼业的风险如今依然存在。此外，许多生产工艺品的地方，包括涉及工艺品生产、手工艺与建筑的地方，又潮又湿、通风不良、采光不好，要不然就是不安全。工人暴露在有害物质下，例如铅、水银，是个严重问题。与此同时，建筑工作也十分危险。磨工在布满灰尘、喧嚣嘈杂的环境中工作，时常受到虱子骚扰，多患哮喘、疝气与慢性背部疾病。人们几乎不懂健康与工作场所安全的概念，因此也普遍无法理解相关问题。

农业深受天气之害与病害之苦，影响程度远大于今天。改良作物品种很少，冬季多雨易致作物病变、肿胀，晚霜又会侵害小麦与其他庄稼。夏季干旱、冬季严寒都是严重的问题。酿制的葡萄酒特别易受天气、病害影响。没有杀虫剂，保护庄稼、储存食物又困难重重。鼠患成灾，给食物储存带来重大挑战。没有冷藏技术迫使人们靠烟熏、盐腌的方式来保存食物。这两种方式极大地影响了现代葡萄牙的日常饮食。香料有助于抑制烟熏、盐腌的味道。用葡萄酒佐味也能达到同样效果。

此外，动物的健康也是个大难题。兽医学在本质上是原始医学，因此是个问题。当时的惯例是屠宰患病动物与隔离。对人和动物来说，生活的诸多真相常常笼罩在死亡的阴影之中。

还有，交通枢纽条件也很差。路况不佳，导致人们走完从里斯本与波尔图之间300千米的路大约要用一周时间。因为没有水坝起调节作用，洪水给人带来巨大损失，例如在波尔图。1763年，阿马兰蒂的一场洪水毁掉那里的一座桥。道路状况与为数不多的适航河流使当地工业免受进口商品影响，包括来自葡萄牙其他地区的竞争。家庭、村庄与更广阔的社区自产自用。这为人们提供食物与补给，发挥着至关重要的作用。这个过程对男女角色影响极大。

人们有必要注意到葡萄牙生活的多样性，它与当地生产活动有关。虽然这个方面在现代交通运输、教育、通信与购物的作用下已不那么明显，但它如今依然存在。葡萄牙人适应环境提供的不同可能。他们在梯田上耕种，在葡萄牙大部分地区进行季节性迁移放牧（动物往返于高地的夏季放牧）并形成主要模式，还有一年一度聚集起来捕捞金枪鱼的活动。时至今日，人们依然在葡萄牙北部的佩内达·吉尔斯国家公园进行季节性迁移放牧。该地区人类适应性的另一个表现是索茹附近的玉米棒子仓库。这些建在桩子上的花岗岩石棺，是为储备收获的玉米棒子之用，以免它们在湿地上受潮。因为石棺上的玉米棒子被摆成十字架的形状，所以此举也见证了民众的虔诚信仰。

影响至今的社会特征

事实上，在17世纪及其前后几个世纪里，葡萄牙社会有很大程度的延续性，虽然这种延续性常常存在于事物内部，但在某些方面，这种延续性持续到现在。过去不仅对社会地位与个人特权的影响极其明显，还与财产（尤其是地产）、姻亲关系与权势有关。因此，社会层级相当分明。精英阶级对政治的社会控制是一个客观事实，而不是问题。人们认为，世袭与稳定相互交织，势利行为内生于与等级、地位、血统相关的体制内。葡萄牙社会确确实实四分五裂。一系列手段严格控制着社会变革的速度，包括联姻、继承与政府恩庇。虽然如今这些手段没有像以往那样被广泛使用且发挥巨大作用，但它们依然存在。

女性处在相当大的压迫之下，她们理所当然比英国女性更加受限。1775年，前往里斯本访问的托马斯·佩勒姆欣赏完精彩的歌剧后特别开心。他接着说："管弦乐队与大多数演唱者都棒极了。布景、服饰昂贵华丽，但舞蹈相当不走心……这出歌剧有一个特别之处，即禁止女性观看，也没有女性登台演出。"这是出于王后的决定，出于天主教的误导，或者更准确地说，是出于葡萄牙人对天主教教义保守地奉行。葡萄牙比法国还要保守。

分歧，决定了葡萄牙的社会组织结构。社会中暗藏着巨大的矛盾。但是，如果有人暗示说人们普遍对现在的世袭制等级社会表示不满，或者说紧张局势只存在于不同社会等级之间，而非同一等级之内的话，那就是在误导人。通常，法律界定了彼此完全不同的农民阶级与贵族阶级，而区分点就是二者标志性的内部差异。贵族之间互相竞争，争夺当地的政治权力与社会知名度。农民在他们自己族群内的争夺可以与这个过程相比拟。

葡萄牙国内的权力与财富集中在少数家族手中。无论是活着，还是死后，他们的纹章时常在公开场合出现，彰显他们的重要身份。社会与主流政治体制在本质上都层级分明；从整体上看，葡萄牙属于农业经济；社会、经济事物变化速度缓慢，或者至少结构性变化速度缓慢；君主及由贵族把持的政府不愿挑战基本的贵族利益，也不愿在没有贵族配合的情况下治理国家；以及那个时期种种假设：所有这些一并导致权力、财富集中的情况依然持续不变。当然，也有诸如若昂二世这样的单个君主与大贵族们发生冲突，但是这种情况其实仅仅是反抗某些贵族的命令，而不是试图重塑社会权力结构。

社会相当稳定，尤其是因为大多数财富是通过继承或婚姻关系获得的。限定继承让人们得以保持庄园完整。贵族家庭失去的土地大多是通过结婚或出售的方式，将土地转让给其他贵族或是那些被封为贵族的人，而不是贵族阶级自己失去土地。这些因素通常存在于欧洲。

和其他国家一样，大多数葡萄牙贵族并不富有。许多人与英国绅士阶层类似。虽然与普罗大众相比，贵族们情况相当好，但是他们也没有财富与权势。除大贵族外，大多数贵族不折不扣都是地方上的。但是，为帝国效力能让他们有办法赚到钱，而财富又是维持社会地位、获得房地产的必需品。20世纪的人们也依然在为这个问题挠头。

那些享有权力与财富的贵族通常不仅生来就是贵族，还享有世袭家族地位。政府遇事要征求有势力的贵族同意。这么做与其说是宪法规定，不如说是出于政府对贵族的依赖。政府需要由贵族来充当社会（还有教会）的有效管理者。此外，政府征求贵族同意也是因为合作在人们看来是可取且必不可少的。合作是合法性的来源，是贯彻落实的根本。成功的政府倡议通常是那些获得贵族阶级支持、默许，或者至少是没有费力阻挠的。老旧贵族家族成员增选，平民官员获封贵族，以及身居要职的低阶贵族，获得提拔成为更高等级的贵族，这些活动保障了中央政府中贵族的主导地位。政府的议会制虽然导致延宕，但使贵族得到了代表。事实上，这就允许贵族对政策的非暴力反抗。与此同时，若昂五世展示了他对贵族的控制。

贵族在当地政府中的主导地位，既是国王对贵族阶级地方实权的具体回应，也符合文化价值观与意识形态规范。贵族在当地政府中的主导地位在管理与政治上都很重要，具体有两种表现形式：对相关职位的控制，以及将许多职责分派给贵族，以免它们落入公众手中。

从整体来看，贵族阶级，尤其是某些贵族家族与单独贵族对国王的态度受到各种因素混合的影响。它们是传统惯例（关键因素）、特权、自私自利、传统与新奇观点的相互作用，以及政治环境综合作用的结果。特殊贵族地位及地位的继承是由过去所决定的：在个体层面上，过去涉及贵族出身、家族地位；在集体层面上，过去是指为王家效力而换取的特权。人们在许多古宅、教堂中看到的贵族纹章说明贵族的地位如此尊贵，以至于它必须被展示出来。

贵族阶级通过恩庇关系、亲属关系联在一起，而这两种关系由择偶来维系。这些关系将宫廷贵族与贫穷的地方贵族联结在一起。如此一来，地方贵族就能接触到那些社会地位高、有办法接近君主及王室成员的宫廷贵族了。贵族也为争夺恩庇展开竞争，并引来彼此的深仇大恨。这种争夺包括在宫廷中的较量及地方矛盾关系。

农民阶级辛勤劳作，缴纳封建社会的税金。他们不仅承担许多重担，还受到贵族阶级的步步紧逼。此外，葡萄牙农业十分落后。贵族阶级倾向于通过在殖民地与宫廷中获得任命来谋求财富。自16世纪起，英国兴起了由地主领导的新技术"农业革命"，尤其是含氮作物轮耕。葡萄牙没有类似运动。葡萄牙农业没有重大发展的问题更加严重，因为和欧洲其他地方一样，葡萄牙人口急剧增长：从1636年的110万增加到1736年的214万，乃至1776年的335万。这给生活标准造成沉重压力，尤其是在灾荒之年。在这些灾年里，葡萄牙不得不同西班牙争夺欧洲北部地区出口的谷物。

同时，葡萄牙社会中也有所谓的中等教团、中产阶级或者说资产阶级。在乡村，中等教团由地主代理人组成，有他们的地方就有佃农。地主代理人普遍想升级为地主。

城镇

中等教团成员没有贵族头衔，但也不是靠手艺吃饭的人。他们是城市人口的重要组成部分。不过，因为人们普遍鄙视商业贸易，所以他们的社会地位不高。截至18世纪初，虽然有一些诸如阿马兰蒂的亚麻织品产业等存在，但贸易与工业主要为外国人把持。一度繁荣的造船业状况不佳，依赖外国船匠。除供当地家庭生产使用的纺织品外，葡萄牙纺织业受到英国进口商品的冲击。大多数城镇没有显著发展。许多城镇作为市场中心，在经济、人口统计方面呈休眠状态。

建设城镇当然有助于商业、财政基础设施建设，从而带来更多惊人增长的案例。然而，城镇之间也相互争夺着经济利益与其他好处。这降低了它们整体的政治影响力。城镇试图与政府建立合作关系。作为国家及宗教行政部门的所在地，城镇是生产、贸易与消费中心。城镇与内地乡村既互相依赖，又别别扭扭。城镇为农村产品提供市场，但城镇又往往成为双方关系中严苛的主导者，尤其是在放贷方面。两者也就纳税义务的分配问题争论不休。

然而，如果简单地将城镇与乡村看作对手的话，那是错误的。两者之间的冲突并不总是二元分明，也不应当视为城乡对立。相反，基于长期存在的模式，城镇与乡村有重要联系。农民涌向城镇不仅是为了定期去那儿赶集，还是为了参加集会和宗教仪式。

葡萄牙城镇与它的社会一样，也是不平等并且等级分明的。名利双收的城镇居民人数最少。他们手中的权力源于经济、政治上的组织才能。他们能将其他人组织起来也表现出自己手中所掌握的权力。他们的实力延伸至内地农村。在那里，由于他们的权力就是信贷之源，他们享受着自身影响力所带来的种种好处。他们往往拥有私人庄园。如果经商，他们通常控制着农村地区的产业。在城镇，这个阶层也许是雇主或地主。但是，更普遍的情况是，由于他们的社会地位，该阶层将享有政治权力及这种权力对城市政府机构的控制。这个群体中的一些成员将拥有贵族头衔。不过，他们的头衔差别很大。在他们之中，大多数人的收入来自贸易、官职（特别是司法职位），以及从土地投资与有息贷款中获得的收益。

和在乡间一样，城市里最庞大的群体显然是穷人。这个群体留下的痕迹最少。他们没有政治影响力，往往也不是法律意义上的城镇公民。即使是在最繁荣的城镇里，大部分人的工作也是朝不保夕。加之缺乏有效社会福利体系，他们生活贫困。大多数人没有什么技能，因此也就赚不到体面的工资。许多人只有季节性或短暂的就业机会。不少人是农民工。由于生活贫困，穷人在面临食物短缺、食品价格上涨的情况时，就显得格外无助。通常，他们的居住条件不好。身强体壮的穷人往往遭到严苛的对待，因为人们觉得他们应该有能力工作。

在这两个群体之间的第三类人，比穷人有着更稳定的收入。但是，这三个群体间没有那么严格的经济区分。在这第三类人当中，许多人是工匠。他们的经济利益与社会凝聚力往往是通过行会或其他工匠协会组织起来的。社会经济群体内部通婚（同族结婚）的模式一直存在。这使人们难以进入由商人与地方行政官组成的精英阶层。尤其由于工匠的行会、互助会会员身份，他们的社会融合度往往比日工、用人与贫民高得多。市政府、军事教团与一些世俗社团往往不吸纳工匠成员。因为公民身份通常意味着人们正当拥有作为城市社群成员的权利，所以此类排斥行为的意义相当重大。

宗教与社会的焦虑

这简直是个令人恐惧的社会，因为种族纯洁与遵守宗教规定的理念得到强制实施，尤其是基于"血统纯正"思想的严格法规。在某种程度上，这源自人们对社会流动性的焦虑。人们特别担心出身低微之人会向上面的人发起挑战。令人感到焦虑不安的，主要是皈依基督教的犹太人与摩尔人。人们担心他们会冒充并被人当作"纯正的"基督徒。虽然宗教裁判所也制裁新教徒与秘密活动的摩尔人，但它的主要进攻目标是涉嫌参与秘密犹太教之人。在驱逐犹太人后，教会开始怀疑那些改变信仰者，即所谓的"新基督徒"是否诚实。此类民族、宗教矛盾对人们长期以来的不安与敌意加以利用，大家很容易把遇害者当成数字而已。虽然宗教裁判所的记录因该机构的顾虑与观念遭到扭曲，但它让我们得以了解一些人的故事。伊萨克·德·卡斯特罗·塔尔塔的父亲是一位葡萄牙改宗者与秘密犹太人。伊萨克在法国西南部定居。1647年，年仅21岁的伊萨克被烧死在里斯本的火刑柱上。他聪慧过人，具有跨文化交际能力。伊萨克在去阿姆斯特丹接受成为拉比的训练前，曾求学于波尔多的耶稣会学院。他曾游历荷属巴西，后来在葡属巴西因旅行目的不明被捕。那里的人把伊萨克当作叛教者，并将他送往里斯本受审。人们可以在宗教裁判所的档案中看到他的讯问记录。

1682—1691年，1329名"新基督徒"遭到抓捕审问，他们中的大多数来自上层中产阶级。一经逮捕，所有财产悉数充公，家庭也将失去居所。人们无法投诉宗教裁判所，因为那本身就是一项可以被逐出教会的罪行。审问与拷打持续数年。

对"新基督徒"的进攻给贸易带来沉重打击。这种进攻也使他们不愿将自己的资本留在葡萄牙。因此，资金流向英国与荷兰共和国的情况变得更加明显。1720年，驻里斯本的英国领事托马斯·伯内特观察到："这里有太多托钵修士与修女的公司，以至于没给其他贸易公司留下余地。真的，信贷与宗教裁判所从来都无法在一个国家同时存在。"英国评论者对葡萄牙常持批评态度。1734年10月19日，《每周鉴报》如此评价葡萄牙："基督教会专政是最恶劣的专政。地狱也没有宗教裁判所的一半那么糟糕。"

1671年，奥迪维什教堂出现渎圣行为。诸如此类的事件导致宗教迫害速度呈阶段性增长。但是，审问活动随时间推移减少：1734—1743年，51人因审问被处决；相比之下，1750—1759年，处决人数是18人。蓬巴尔侯爵政府统治时期是一个重要的时间段：1761年，葡萄牙最后一次执行死刑；1768年，"新基督徒"与"旧基督徒"之间的区别被取消。但这只是一项硬邦邦的法律措施。社会的复杂化、细碎化，使得这种区别依然存在。

宗教因素对君主及王室成员的公共形象来说至关重要。接受宗教教育、参与宗教仪式并赞助宗教活动是皇室角色的全部重要方面。君主及王室成员展现出坚定的天主教信仰。与此同时，差异同样存在。若昂五世有不少风流韵事，还有几个私生子，其中就包括他与至少3名修女的婚外情。事实上，奥迪韦拉什修女院为许多精英阶层的成员及国王提供修女作为情妇。在若昂五世的父亲佩德罗治下就已如此。

然而，若昂在表现宗教虔诚方面也十分讲究排场。马夫拉皇宫修道院就是他的宗教虔诚与巨大财富共同作用下的惊世之作。这座规模宏大的建筑，占地面积4平方千米，共有880个房间，包括一个筒形穹顶大图书馆。它始建于1717年，完工于1750年。若昂建造马夫拉是为了还愿。他曾许诺，若妻子怀孕就要为方济各会修士建一座修道院。后来，若昂的妻子果真怀孕。若昂也为建于罗马的圣施洗约翰教堂埋单，重建里斯本的圣罗克教堂与科英布拉圣克拉拉修道院的大回廊。1716年，若昂派战舰支援奥地利、威尼斯，对抗土耳其人，旨在给教皇留下好印象。1717年，若昂虽然为达目的使出不少威逼胁迫的手段，但他确实实现了让里斯本大主教获得宗主教头衔的大目标。事实上，宗主教的地位在信奉天主教的基督教世界里仅次于教皇。因此，它也影响到布拉加大主教的地位，并使权力与权威进一步集中于里斯本。若昂也获得"最忠实"的称号。他与1707—1750年任宗教裁判所裁判长的努诺·达·库尼亚交好。

若昂还有其他成就。他对其他方面的成就也感兴趣，包括科学、艺术。他愿意向外国专家及有过海外生活经历的葡萄牙人请教。

巴洛克与洛可可建筑

这一时期，葡萄牙最重要的建筑风格是巴洛克式。这种风靡欧洲的风格是由国家独立与巴西黄金带来的。它在18世纪的葡萄牙特别繁荣，

116

而不是像17世纪的意大利那样。重要的巴洛克风格建筑与基督教会有关，例如：马夫拉、圣罗克教堂、山上仁慈耶稣朝圣所的巨大楼梯、埃武拉大教堂圣坛，以及奥良圣母玫瑰堂。圣母玫瑰堂由渔夫们出资捐款筹建。还有巴洛克风格的世俗建筑，尤其是建于18世纪初马特乌什的雄伟住宅。该时期文化的一个侧面是大批圣人遗物（如今依然在展出）与许多小礼拜堂。

由于人们对巴洛克风格推崇备至，洛可可风格的影响力极小。这一点在里斯本附近建于1747年的克卢什宫、阿尔加维的埃斯托伊宫及其花园中表现得尤为明显。克卢什有着装饰精美的宫殿，还有许多花园，花园里装饰着人工小河。那是个迷人的地方，本来是为玛丽亚一世后来的丈夫佩德罗二世所建，后来成为她儿子若昂的宅邸。

若泽法·德·奥比杜什

巴洛克风格并非以女性画家而闻名，但若泽法（约1630—1684年）是个多产的画家。她的父亲是一名来自奥比杜什的葡萄牙画家，曾受训于塞维利亚。若泽法创作了许多宗教题材作品，尤其是为教堂、修女院所作的，其中包括她为奥比杜什圣马利亚教堂所绘《圣凯瑟琳祭坛画》（1661年），还有肖像画、静物画。后者藏于里斯本国立古代艺术博物馆、圣塔伦市图书馆。

1703—1762年战争与国际关系

葡萄牙介入西班牙王位继承战争导致葡西两国纷争再起。葡军是联军在伊比利亚半岛的主力。1706年，英葡联军成功围攻阿尔坎塔拉的法国、西班牙联军。1706年、1710年，马德里曾短暂被占领。但是，事实表明，卡斯蒂利亚王国对腓力五世忠心耿耿，路易十四对他身在邻国的孙子腓力五世的支持又过于强大。虽然腓力严重依赖法军，但他的事业仍被人说成是民族独立。1707年，法军在阿尔曼扎战役中大胜同盟国。葡萄牙骑兵与步兵在阿尔曼扎战场表现糟糕，被赶出阵地。因此，英国、荷兰的步兵被贝里克元帅率领的人数多得多的法西联军打得落花流水。英国人常常抱怨葡萄牙作为盟友办事不力，这也预示着两国之间后来的紧张局势。在让英国人担心的事情里就包括他们对葡萄牙人无法胜任西班牙军事任务的担心。英国人害怕他们派往西班牙的英军反要保护葡军。

但是，葡萄牙人愿意奋力一搏。1704年，贝里克率领一支法西联军进入葡萄牙。他惊讶于葡萄牙不堪一击的有组织反抗，也同样为农民在进攻他的交通系统、在村庄中反击时所表现出的旺盛精力而惊叹不已。是年，贝里克在前线小有收获，但无力继续。部分原因是，同盟国在加泰罗尼亚与西班牙南部地区给腓力五世带来压力。在西班牙南部，英军占领直布罗陀。1707年，又出现了一次短暂的西班牙入侵。

战争为君主及王室成员带来了王朝认证。1708年，若昂五世迎娶表姐玛丽亚·安娜。玛丽亚是神圣罗马帝国皇帝利奥波德一世的女儿，因此也就是利奥波德的继承人约翰一世（1705—1711年在位）的姐姐。她也是西班牙王位的哈布斯堡继承人"卡洛斯三世"的姐姐。玛丽亚之所以是若昂五世的表姐是因为利奥波德的妻子是佩德罗二世的姐姐。英国军舰将玛丽亚·安娜护送至葡萄牙。

随着葡萄牙与英国重要经济关系的发展，葡萄牙在战争期间不断向英国阵营靠拢。根据1703年《梅休因条约》的规定，葡萄牙为英国布料大开国门，英国也为葡萄牙的葡萄酒在本国市场上的销售提供大量优惠。1750年，法国外交部部长评论道，英葡同盟在本质上源于1700年法国王子登上西班牙王位的事件。情况确实如此。英国的商业优势确保英国在两国政治联盟中能获得重要经济收益。但是，要做到这一点就得采取关键政治措施。1761年，面对紧张的国际局势，乔治三世的首席顾问、第三代比特伯爵约翰说道："葡萄牙的安危与英国的利益休戚与共。"

从葡萄牙进口的波尔图葡萄酒取代了产自法国的波尔多红葡萄酒。同时代的人普遍认可英国在葡萄牙贸易中的核心地位。1716年，一份发自波尔图的法国报告称，在葡萄牙船只上运往巴西的商品中，3/4都是英国货；而英国得到从巴西带回的黄金。英国报纸的报道同样破坏了英葡关系，因为葡萄牙政府对此事颇为敏感。

1718年1月25日，伦敦报纸《特快邮报》提到，在前一年的1到11月，有180艘英国船只抵达杜罗河，而同期开到那里的只有12艘法国船、9艘荷兰船与20艘葡萄牙船。1723年2月21日，《邮差报》报道说，即将驶向里斯本的英国舰队"满载大量羊毛制品。这些商品大多为英国制造"。在某种程度上，葡萄牙是英国商业帝国的非正式成员。它既重要又易受到进攻。正如1723年2月23日《圣詹姆斯日报》指出的那样："不管他们的法律如何禁止我们从葡萄牙带走他们的黄金，我们的商人一直都知道，葡萄牙人只是把黄金从东西印度群岛带来给他们的中间商而已。"葡萄牙金币在英国流通。

但是，英国外交官不见得就欣赏葡萄牙。英国陆军准将詹姆斯·多默此前在西班牙王位继承战争中曾驰骋伊比利亚战场。他喜欢里斯本的气候，但觉得那里的娱乐活动枯燥乏味。1725年，多默奉命前往葡萄牙。1727年，他因唆使人进攻英国领事托马斯·伯内特被召回。另一位参与过西班牙王位继承战争伊比利亚战役的老兵是第二代提拉沃利男爵詹姆斯。他在1727—1741年担任英国驻里斯本大使。提拉沃利男爵经常想离开里斯本。第二代阿尔伯马尔伯爵威廉在1732年观察到，提拉沃利男爵厌倦了自己的职务。"而且，事实上，我对此深信不疑。因为这世上没有比那儿（里斯本）更讨厌的地方了。无人陪伴、无以解忧。它就是爬满小虫与害虫、臭气熏天的小镇而已。"阿尔伯马尔伯爵很高兴地离开里斯本。他觉得塞维利亚要好多了。提拉沃利男爵到处寻花问柳来排遣空虚无聊。1738年，匿名发表的《德国现状》宣称："葡萄牙首都如此凶险，以至于除公使随从外，几乎没有几个异乡人敢上岸。大家晚上都躲进泊在河上的船里休息。"

英国除了与葡萄牙保持着密切的经济联系外，还在1735年派出一支舰队前往塔霍河保护葡萄牙免受西班牙进攻的威胁。这支舰队直到1737年才从葡萄牙撤离。但是，两国关系也有些紧张。1723年，葡萄牙人摧毁英国王家非洲公司位于卡宾达的总部。双方在该地区的冲突持续到18世纪晚期。1729年，提拉沃利男爵坚决主张在一场商务纠纷中对葡萄牙做出强势回应。他争论道："无论（葡萄牙）做什么都无法阻止国王（乔治二世）的海军中队在国王（若昂五世）的宫殿抛锚停航。只要国王陛下（乔治二世）愿意，他随时都可以这么做。"事实上，提拉沃利男爵想让英国所有的海军中队都被派到地中海地区，光顾里斯本，"因为只要这些人头上的棍棒一消失，他们就无法被相信"。

相比之下，英国的回应往往是小心谨慎的。1726年，当佩德罗二世之子贝雅公爵、弗朗西斯科王子接近多默，告诉多默自己的哥哥若昂五世是亲西班牙派，并建议当时与西班牙有矛盾的英国派出一支强大舰队以震慑葡萄牙时，英国人未做出回应。事实上，弗朗西斯科想要取代自己的哥哥。1729年，纽卡斯尔公爵兼南部事务大臣托马斯敦促提拉沃利男爵与葡萄牙和解。他指出，英国与西班牙的分歧突显了葡萄牙与英国贸易关系的重要性。此外，那年葡萄牙与西班牙王室共同举行两场婚礼——若昂的两个孩子（包括他的继承人）与西班牙国王腓力五世的两个孩子（包括他的继承人）缔结姻亲关系。

理所当然地，葡萄牙让英国失望了。葡萄牙没有参与接下来的一次英国对西班牙的战争，即詹金斯的"耳朵战争"（1739—1748年）。葡萄牙也没有加入英国对阵法国的七年战争（1756—1763年）。与此同时，葡萄牙的脆弱性是个重要问题。1735年，若昂五世向提拉沃利男爵指出，英国舰队无法使葡萄牙免受陆地进攻。在此期间，葡萄牙也进行过某种程度的行政改革。1736年，葡萄牙设立专门处理对外事务的部门。不过，人们觉得要是它能早点儿存在就好了。

英国的立宪政体、文学、科学、做派与时尚在葡萄牙没有像在欧洲其他地区那样流行起来。这不仅仅是由宗教差异所导致的。因为，在信奉天主教的法国，人们对英国生活的这些方面津津乐道。相反，这种差异显示出，反宗教改革运动意识形态与对巴洛克风格的偏爱对葡萄牙影响更大。

与此同时，葡萄牙没有对其他欧洲国家郑重其事地提出过领土主张。葡萄牙的王朝外交无意为它攫取德国与意大利领土。被西班牙束缚得无法动弹的布拉干萨家族没有通过此类外交活动提高自身国际地位的传统，他们也不愿统治不相邻的欧洲领地。这与主宰英国的汉诺威王朝截然不同。此外，18世纪前20年的历次战争没有让葡萄牙像西班牙、瑞典一样积极推行报复性政策。

葡萄牙人与英国人一样对于在欧洲的领土扩张（而非殖民扩张）意兴阑珊。鉴于此，两国与联合省（荷兰共和国）类似，明显有别于大多数欧洲国家。因此，葡萄牙的目标给英国联盟外交带来的麻烦要小于其他列强的野心。这些小目标有助于确保和平时期相对友好的政治关系。但是，正因为如此，葡萄牙才不愿意追随英国的脚步走上战场，也不愿支持英国干预欧洲外交活动的行为。这种对比延续到20世纪。

南美洲的新帝国

由于葡萄牙的领土扩张基本限于巴西内陆地区，所以这个时期作为帝国的葡萄牙被英国、荷兰、法国与西班牙狠狠地超越了，又落下一大截。18世纪，葡萄牙在亚洲、非洲的帝国都死气沉沉，但是在南美洲的情形却截然不同。

葡萄牙的西红柿

1733年，提拉沃利男爵在里斯本时写道：

我不知道这儿除了西红柿还有什么值得送给你的特产。西红柿是种又大又圆的果实，它的个头有小橙子（我相信你在英国没有这种水果）那么大。你不能单独吃西红柿。不过这符合你只吃食物的原则。你让厨子先用开水烫四五个西红柿或者随你喜欢的数量，不烫也行，再把它们整个放进汤里。如果之后西红柿还能立起来的话，用火慢慢煨，它会使你的汤更加美味。在这儿，我们觉得西红柿能给汤带来一种特别令人愉快的酸味。它的效果要比酸模或任何一种香草要好得多。西红柿长在高大、多叶的灌木上。果实成熟时红似樱桃。西红柿原产于南美洲西部。自16世纪90年代起，英国开始种植西红柿。但是，当时人们认为西红柿有毒，或者至少不宜食用。直到18世纪中叶，英国人才开始大量吃西红柿。

在非洲，经过一次漫长的围攻后，阿曼人在1698年从葡萄牙人手中夺走蒙巴萨。1728年，葡萄牙人成功收复失地。但是，由于士气低落与食物供给问题，葡萄牙在1729年再度失去蒙巴萨。1769年，葡萄牙想要重新夺回它却以失败告终。但是，葡萄牙人在1730年收复了1720年落入荷兰人之手的德拉瓜湾。1765年，摩洛哥夺走葡萄牙控制的马扎冈。在中非，葡萄牙在17世纪80年代已经开始抛弃之前为攻城略地而发动大规模战争的政策。这体现出葡萄牙人对安哥拉、赞比西河谷严重问题的反思。

在印度，1737—1740年，葡萄牙人与马拉塔人展开一场灾难性战争。马拉塔人得到心存不满的农民支持并从中受益。马拉塔人对葡萄牙人步步紧逼。农民组建步兵团，协助马拉塔人的骑兵部队作战。这支步兵团对围攻的成功至关重要：1737年，撒尔塞特沦陷；1739年，勃生沦陷；1740年，焦尔沦陷。但是，关键的要塞果阿在1739年遭受进攻时守住了。葡萄牙是幸运的。由于欧洲联盟关系，果阿不像法国在印度的基地那样，并未成为英国进攻的目标。

16世纪末，葡萄牙人也许是最早一批探索澳大利亚的欧洲人。17世纪，荷兰人接管他们的阵地；18世纪，那里又为英国人所占。葡萄牙人在纽芬兰渔场的地位下降。

巴西的殖民经济

在巴西，1693—1695年，人们在米纳斯吉拉斯发现重要黄金矿藏。这激励人们进一步向内陆地区扩张。黄金迅速、大量流向葡萄牙。事实上，1723年，一位英国外交官记录道，从里约热内卢出发抵达里斯本的舰队上有"大量未登记的黄金"。葡属巴西的形态发生巨变。葡萄牙在圣保罗（1709年）、米纳斯吉拉斯（1720年）、戈亚斯（1744年）与马托格罗索（1748年）建立总督辖区（省份），而巴西在1760年成为总督管辖地。黄金生产为奴隶贸易提供新的重要刺激。它既扩大了对奴隶的需求，也成为一种支付奴隶报酬的来源。奴隶在矿井中从事着诸如清洗含钻岩石之类的工作：18世纪20年代，人们在塞罗德弗里奥地区发现锗石。1727年、1730年，米纳斯诺瓦斯镇、迪亚曼蒂纳镇先后在米纳斯吉拉斯建立起来。除米纳斯吉拉斯外，库亚巴（1719年）、戈亚斯与马托格罗索也有金矿床。

1710年之后，随着竞争对手在西印度群岛的糖料生产变得更加重要，巴西东北部糖料种植园的地位开始下降。

始于17世纪70年代末的可可豆生产未能弥补这种损失。但是，自18世纪末起，里约热内卢附近的糖料、咖啡种植园变得著名起来。1763年，里约热内卢取代巴伊亚成为巴西首都。棉花（自18世纪60年代起）与烟草也是巴西出口国外的重要商品。截至1800年，巴西有100多万名奴隶。巴西的葡萄牙奴隶主倾向于输入成年男性奴隶，而不是鼓励奴隶家庭的进口。在劳动压力与高死亡率的双重作用下，这种操作使巴西不断需要更多的奴隶。这些奴隶依然与他们的非洲根脉保持着密切联系。18世纪，安哥拉向外输出约200万名奴隶，主要目的地是巴西。葡萄牙在更北边的地方也有奴隶大本营，尤其是在葡属几内亚。种植园上的奴隶食不果腹、衣不蔽体，还要从事艰苦而漫长的劳动。孕妇的工作条件导致许多死胎的出现。与此同时，由于营养不良，母亲奶水不足。

虽然奴隶武装反抗常常以失败收场，但奴隶主对奴隶的控制，并未能阻止他们以各种方式进行反抗。逃跑成功后，逃亡奴隶组成社区。相比之下，奴隶叛乱失败了。1798年，萨尔瓦多的奴隶反叛呼吁人们废除奴隶制。但是，叛乱最终被镇压下来。对巴西的控制确保资源流向葡萄牙，为宗主国提供建造诸如马夫拉这样的工程的资金。

虽然巴西大部分奴隶是从安哥拉经50天海上航行，由罗安达最终抵达里约热内卢贩运而来，但是劫掠巴西原住民充当奴隶的活动依然存在。这严重减少了当地人口数。当地奴隶与苦工在亚马孙河流域采集可可、菠萝与其他林产品，对奴隶主来说，他们至关重要。但是，1743—1749年，可能有近半数的亚马孙河谷原住民感染麻疹、天花。

劫掠奴隶的活动遭到传教区的抵制。传教区是在耶稣会士监管下建立起来的边疆定居地，原住民在那里种植庄稼。但是，1756年，一支葡萄牙和西班牙联军在向传教团挺进时，用火炮粉碎了当地人的反抗。

因此，1750年葡西两国的《马德里条约》划定巴西边界的条款得到强制执行。作为1494年《托德西利亚斯条约》分界线向西延伸的一部分，这片边境地区上的传教团被送给了葡萄牙。

同时，葡萄牙的火药也就只有这些能耐了。1725年，帕亚瓜人在巴拉圭河上摧毁一队划独木舟的寻金者。次年，另一队人也遭到重创。帕亚瓜人射箭的速度比葡萄牙火枪手开枪的速度快，前者还善用独木舟，尤其是能跃入水中把船翘起，保护自己免受火枪的进攻。葡萄牙小船队每年都会载着黄金从库亚巴回国。1730年，船队返航途中遇到埋伏，大部分船只被毁。1730—1731年，葡萄牙派出远征军前去报复，但收获寥寥。1734年，葡萄牙人用火药突袭，给帕亚瓜人以沉重打击。虽然帕亚瓜人在1735年、1736年发动进攻战并取胜，但伤亡拖缓了他们开展军事活动的速度。同时，疾病与敌对部落瓜伊古鲁人的进攻，也让帕亚瓜人受到影响。截至18世纪80年代，帕亚瓜人基本上被灭绝。但是，他们的故事也说明，推行欧洲军事优越性的单一模式是危险的。

在其他地方，利用当地盟友是重要手段。葡军不能击败伏击殖民者与船队的卡亚波人。相比之下，波洛洛人在葡萄牙伐木工安东尼奥·皮雷斯·德·坎波斯的领导下，在1745—1751年的一场激烈的战争中力压卡亚波人。葡萄牙人赢得并利用当地同盟，说明原住民之间缺乏凝聚力。这一点再加上疾病与奴役带来的结果，让葡萄牙人获得比接触战胜利更大的成功。

在亚马孙河流域，当葡萄牙人沿塔帕若河向前挺进时，他们遭到马威人的抵抗。与此同时，18世纪60—70年代，葡萄牙人无力应对穆拉人的游击战。移动的穆拉人伏击葡萄牙独木舟，袭击孤立无援的定居点。他们善用弓箭，战斗力极强。1784年，穆拉人与葡萄牙人达成的

126

和约是和解而非投降。

与此同时，在整个18世纪，移民巴西的葡萄牙人总数也许达到近100万。这个数字低于被迫移民的奴隶，但移民的葡萄牙人数将在政治上起到重要作用。正如18世纪70年代英属北美与1810—1819年西属美洲的情况，殖民者人口的增长，将成为19世纪20年代葡萄牙人政治自信的基础。

黄金、葡萄牙与英国

控制巴西，是将巨额财富带回葡萄牙的前提，而它也有助于葡萄牙获得国际地位。同时，它也使葡萄牙易于遭受葡萄牙帝国与巴西关系破裂的影响。葡萄牙面对的这种风险要高于英国后来面对美国时的风险，因为英国在印度也有一个牢固据点。事实上，英国在印度的阵地自17世纪末乃至18世纪初，都比葡萄牙在巴西的根据地更加强大。

英国依赖着从英葡贸易贷方余额中注入的黄金。本质上是在金属贸易系统的体制内，英国缺少硬币，急需巴西黄金。英国不仅在与诸如波罗的海、东方世界这样的地区（通常具有贸易逆差的特点）通商时面临这种情况，而且英国基于向欧洲大陆盟友（尤其是战时）提供补贴的外交政策也遇到同样问题。因此，1742年，当英国准备参与奥地利王位继承战争时，最成功的伦敦银行家、商人托马斯·戈尔告诉英国首席财政大臣、威尔明顿伯爵斯宾塞，把黄金从里斯本转移到的里雅斯特或热那亚是调动资金、给付许诺给奥地利的补贴的最好方法。戈尔还说："我能在里斯本提供足够的资金与存款以满足需要。"

佛得角群岛

自15世纪起，佛得角群岛就成为葡萄牙人前往非洲、印度洋与南美洲海上航线的小站。1702年，在佛得角群岛访问的弗朗西斯·罗杰斯说，普拉亚是"一座令人满意、富饶多产的岛屿。但是，那里太热。大部分岛民要么是匪徒（因犯罪被流放或运送至此），要么是盗贼。当我们的许多同胞到这里来寻找水源与新鲜食物时，他们就会发现这一点"。1669年，约翰·纳布勒船长提到"清冽的优质淡水"，但是人民"偷盗成性"。那里种植着玉米、香蕉。今时今日，情况已大不相同。20世纪70年代，旅游业在萨尔岛兴起；2017年，游客人数增至716000余人；23%的游客来自英国，11.2%来自德国。这一年，葡萄牙本土游客是第三大游客群体。因为佛得角群岛少雨，游客主要集中在萨尔岛、博阿维斯塔岛与马约岛的沙滩上。

第八章

里斯本大地震背后的另一场地震

天灾带来精神上的挑战，这场挑战还有着深远的政治影响。

当时，人们普遍认为，1755年的里斯本大地震是神的审判。这次地震是一场真正的欧洲灾难。大海啸后，随之而来的是一场惊天动地、里氏约9级的海底地震。一开始，它似乎要震干塔霍河河水，接着在11月1日诸圣节那天又发了一场大水，淹没了大半个城市。当天，教堂举行宗教仪式点燃蜡烛，导致火势肆意蔓延，场面十分混乱。在里斯本，许多人遇害。此外，地震带来的三次震动、火灾与洪水摧毁了城中85%左右的建筑物，包括皇宫及其图书馆、画作与档案，还有王家诸圣医院、里斯本宗主教区、耶稣会学院与宗教裁判所。

大约在1740年，德国重要制图师马特豪斯·塞特绘出里斯本地图，他将里斯本描绘成富丽堂皇、欣欣向荣的商业中心。在他的地图里不仅有修道院、教堂与宫殿，还有许多船只在河上往来穿梭。但是，他向人们展示的许多事物，在1755年被毁于一旦。

破坏不止于此，靠近震中的阿尔加维也遭受地震与海啸的严重毁灭，法鲁与亚速尔群岛的情况也大致相同。人们在更远的地方也有震感，但感觉最明显的是里斯本居民。英国人迅速伸出援手救灾。

事实表明，天灾带来精神上的挑战，这场挑战还有着深远的政治影响。意大利耶稣会教士加布里埃尔·马拉格里达在葡萄牙被视为先知、圣人。1761年，由于他将地震归因于上苍对葡萄牙政府的愤怒，马拉格里达被当众勒死、焚尸。这一惊人之举显示出政府的强大威力，也表现出它的焦虑。

外交及陆军大臣兼蓬巴尔侯爵塞巴斯蒂安·若泽·德·卡尔瓦略·伊·麦罗迅速采取措施，成功化解地震引发的社会危机。例如，他下令绞死趁火打劫者，赢得若泽一世（1750—1777年在位）的好感，并在1756年5月6日升级为内务大臣（事实上的首相）。1699年，蓬巴尔出生于乡绅之家,他凭借自己的天资与精力,一路扶摇直上。1749年,若昂五世之妻玛丽亚·安娜将他从维也纳大使馆召回,任命他为外交大臣。蓬巴尔的地位、精力与野心对声名显赫的贵族构成威胁。这导致与蓬巴尔作对的贵族们诉诸极端手段。

1758年9月3日,当国王从他最宠爱的情妇、塔沃拉家族继承人路易斯·贝尔纳多之妻特雷莎处回宫时,遇到暗杀但未伤及性命。这场击杀未遂引发的危机,一直到1759年1月13日才结束。这一天,有共计16名赫赫有名的塔沃拉家族成员及亲属被公开处决。他们的罪名是叛国罪与弑君未遂,以及密谋将阿威罗公爵推上王位。阿威罗公爵本人也在行刑名单上。同样被处决的,还有虔诚的天主教徒塔沃拉侯爵夫人。她的告解神父马拉格里达也在被捕之列。国王的情妇就是塔沃拉侯爵夫人的儿媳。虽然塔沃拉家族确实与国王不睦,但他们的罪行及事件余波为蓬巴尔扫除了障碍。当时的事件真相及背后原因至今疑窦丛生。在枪击中负伤的若泽出席并观看了行刑。下令严惩的也许正是他,而非蓬巴尔。

1759年9月,蓬巴尔随后驱逐了耶稣会士。他手下的笔杆子公开谴责耶稣会的颠覆行为。1757年,有人行刺路易十五未遂,法国耶稣会士无辜受到指责。传教区怀疑耶稣会在南美洲传教动机不纯,蓬巴尔又担心耶稣会士在葡萄牙的势力壮大。因此,蓬巴尔坚定不移地认为,耶稣会士必须被铲除。1760—1769年,葡萄牙因不满教皇对耶稣会士的支持,还中断与教皇的外交关系。1768年,政府接管审查权。但是,它并不一定会导致天主教在葡萄牙的地位被削弱。神职人员依然起作用,而非天主教的教义也依然遭到审查。

与此同时,若泽依旧狩猎游乐,尤其是在萨尔瓦特拉扩建的大型狩猎行宫,那里还建起了一座歌剧院。这样一来,若泽就可以沉溺于他的另一个爱好了。若泽的王后是来自西班牙的玛丽安娜·维多利亚。据称，王后为抑制国王的色心，特意挑选相貌丑陋的宫廷侍女。若泽在治国理政上有些想法，因此蓬巴尔必须慎重考虑国王的意见。但是，若泽并没有真的成为有作为的君主。在大局上，两人意见一致，尤其是在限制大贵族与教会自主权的问题上。由于若泽同父异母的兄弟、宗教法庭庭长，还有若泽父亲的另一个私生子都与蓬巴尔闹矛盾，他们在1760—1777年先后被逐出王宫。

1762年战争

另一场危机接踵而至。1762年，七年战争扩大，西班牙加入法国阵营，共同对抗英国。为向英国施压以弥补在其他地区的损失，西班牙进攻了葡萄牙。事实上，在同一年，英国人从西班牙手中夺走了马尼拉、哈瓦那。

英国介入葡萄牙的理由

1762年1月30日，英国《箴言报》报道："如果荷兰与葡萄牙投入波旁王朝的怀抱，那么它们在东印度群岛的势力也会紧随其后，从而使法国人……毁掉我们在那些国家的利益与资产。而从巴西与刚果获得的黄金、钻石能为他们的军队提供物资。"

葡萄牙一向是中立的。然而，1759年，当英国战舰为摧毁一支即将参与侵略战的法国舰队而驶入葡萄牙在拉各斯的海域时，葡萄牙人愤愤不平地抱怨起来。这将演变成距离葡萄牙本土不远的规模最大的一场海战。1762年5月，西班牙侵略军有所斩获。他们占领了不堪一击的堡垒，例如布拉干萨、沙维什与米兰达。被围的米兰达城堡内火药库爆炸，造成重大损失，有近400人丧生。1810年，当法国人围攻阿尔梅达时，那里也遭遇了相同的命运。

这场危机迫使葡萄牙向英国发出紧急请求。尽管英国外交家与报界均认为葡萄牙缺乏防御能力，但英国政府与大多数民众愿向葡萄牙派出援军。6月末，英吉利海峡的逆风使得由7104人组成的英国远征军的行程延误。然而，他们最终还是帮助葡萄牙加强了守备力量。面对有力的游击队抵抗，西班牙未能利用好早期向波尔图挺进时获得的优势。这一关键性失误在西班牙引来众怒，结果导致将军萨里亚侯爵尼古拉被撤。

7月，法国、西班牙联军发动第二次侵略，成功拿下阿尔梅达。但是，部署在阿布兰特什以东的英葡联军阻挡了敌人的入侵。针对西班牙补给线的游击战与焦土政策也给侵略者造成打击。8月27日，英葡联军展开反击。他们占领西班牙在巴伦西亚—德阿尔坎塔拉的补给基地。在这个过程中，约翰·伯戈因起到了关键作用。那年8月，法国外交部部长舒瓦瑟尔公爵判断，法国已失去征服葡萄牙的良机。英军虽面临重重困难，仍采取了有效的军事行动。10月5日，他们向筑起壕沟的西班牙营地韦利亚镇发起猛攻，导致西班牙损失惨重。冬雨初至，法西联军面对即将到来的和平与英军的威力，选择撤退。11月，西班牙人再度挺进，结果在11月9—10日被对手从筑防的马尔旺、乌格拉阵地击退。

11月15日，西班牙人撤退。一周后，他们请求休战。1763年和谈结果是，葡萄牙与西班牙都没从对方边境地区捞到任何好处。西班牙将葡萄牙在1680年建立的萨克拉门托殖民地（今乌拉圭西南部）归还葡萄牙。两国长期就该阵地争得不可开交。西班牙在1680年、1705年与1762年的进攻均取得成功。

1762年的葡萄牙

英国指挥官之间的往来信件，向人们说明了这个时期葡萄牙的情况。7月，陆军准将弗雷德里克记述了向圣塔伦进军时令人沮丧的后勤问题。在某种程度上，这是由该地区的贫困所导致的。他发现，没人为他的军队提供牛肉与面包，而且事实表明，他们无法获得充足补给：

> 地方行政官说，在他们行军前他所能找到的所有面包只有200条小面包。数量如此之少，根本无法分给士兵们。我下令让军团在次日凌晨3点半开始行军，但运送行李的马车没有准时到达。结果，军队6点后才开始前进。他们到圣塔伦时，天色已晚。
>
> 当时，比达尔夫上校向我汇报说，酷热与沙路让军团过半的士兵都掉了队。他还担心这会闹出人命来，所以已派医生去支援那些在圣塔伦的士兵。当地居民早就关门闭户，士兵们瘫倒在大街上无人问津。地方行政官没为他们提供住处，也没给他们准备牛肉、面包……他们因为中暑与饥饿而晕厥……9名布夫斯团士兵在昨天行军途中猝死。

前英国驻里斯本大使奥哈拉男爵此次作为大使及将军重返里斯本。他抱怨说，军队既没有麦秸也没有床铺，住处不够、面包不足，还存在严重的信息交流问题。弗雷泽·福利厄特上校在塔霍河上发现一座所谓的"堡垒"，但它淹没在水下的部分有1.5米深且水流湍急。附近的道路也无法供车辆使用。

蓬巴尔改革

对蓬巴尔来说，改革迫在眉睫。但是，他并不想摧毁旧贵族，而是想通过注入新鲜血液让它重焕生机，创造出乐于接受新思想、了解贸易价值的统治集团。蓬巴尔曾先后担任过葡萄牙驻英国、奥地利使节，所以他知晓做事的新思路。1738年，蓬巴尔被指派到伦敦工作。在那里，他当选为英国王家协会会员，并对英国经济发展产生了兴趣。

在蓬巴尔执政期间，葡萄牙正值启蒙运动与古老政权复兴梦相互碰撞之际。葡萄牙政府以彼之道还施彼身，有意吸收采纳了竞争对手们用以超越葡萄牙的手段。若昂五世此前曾试图鼓励工业发展，例如，在洛萨发展造纸业。蓬巴尔的做法要比若昂五世成功得多。蓬巴尔想要实现经济民族主义，让葡萄牙摆脱外国影响。因此，他在大商人与小竞争对手的纠纷中支持前者。因为，在蓬巴尔看来，后者只是外商的佣金代理人而已。他希望协助葡萄牙大商人最终取代外商。蓬巴尔成立特许贸易公司，以期从巴西经济中渔利，并限制英国商人的作用。此举颇有成效。1756年，蓬巴尔为控制杜罗河葡萄酒的生产与销售，创办了上杜罗河酒类农业总公司。这是基于匈牙利的模式，匈牙利为保障托考伊葡萄酒的质量采取了同样的措施。上杜罗河酒类农业总公司总部当时建在雷瓜。1997年，人们在它的基础上建成了令人赞叹的杜罗河博物馆。

由于蓬巴尔奉行经济民族主义，因此英葡关系恶化。但同时，葡萄牙经济增长显著。1767年，英国驻巴黎大使汇报说，法国希望获得一些英葡贸易的份额。《欧洲概况》在1730年1月刊中提到，1729年，在534艘驶入里斯本的商船中有301艘是英国的（71艘葡萄牙商船、54艘法国商船）。相比之下，1788年1月28日发表在《先驱晨报》的数据显示，在1787年抵达里斯本的1045艘船中，有332艘英国船，却有300艘葡萄牙船。

葡萄牙人成功重建了里斯本。按照蓬巴尔的规划，里斯本下城区在滨水区与罗西乌广场之间建起平行街道网格，街道两旁都是清一色的楼房。规划的核心部分是位于塔霍河一头的商业广场。在那里，如今依然矗立着一座若泽一世骑着高头大马的雕像。这是马沙杜·德卡斯特罗在1775年创作的。若泽也投桃报李，1760年建造贝伦纪念教堂以示对蓬巴尔的感谢。蓬巴尔的陵墓就在这座新古典主义风格的教堂中。

教育体制改革是蓬巴尔现代化政策的重要部分。1772年，他将数学、自然科学加入了科英布拉教学大纲。由此，那里诞生了许多座葡萄牙最大的植物园，这50英亩植物的海洋给人们带来愉悦的享受。如今，人们也有机会一览葡萄牙帝国时期天南海北的许多植物。蓬巴尔的许多想法都有别于过去的惯例。奴隶制、信仰审判与血统纯正观念均被抛弃，而后者是人们歧视前犹太教徒的依据。1761年，基于"臣民不应有肤色之别"的规定，葡萄牙国王的亚洲裔、东非裔基督教臣民获得与葡萄牙白人同等的法律、社会地位。葡萄牙法律规定，白人侮辱有色人种臣民属于刑事犯罪，1763年重申了这一点。1774年，西班牙政府派新官员前往果阿，授意他们优待印度神职人员。上述规定开始具有法律效力。蓬巴尔公开引用古罗马殖民模式：公民身份意味着平等。但是，葡萄牙不可能赋予其他宗教、种族团体平等地位，这与当时在欧洲持异教见解的基督徒、犹太教徒权力普遍受限的情形没什么两样。

与同为改革派的法国大臣相比，1759年后蓬巴尔在葡萄牙的地位要强大得多。例如，1770—1774年任法国首相的勒内·奥古斯坦·德·莫普。莫普将宗教裁判所世俗化的做法及其采取的商业策略均为激进政策。然而，许多政策需要因地制宜。虽然蓬巴尔能专注于一些问题，政府也能有效运作、取得成果，但这样的监督并不总是有可能的。此外，依赖国王支持的蓬巴尔遇到与旧秩序改革者相同的重要问题，即如何使自己发起的改革继续下去。1777年若泽一世去世后，由于玛丽亚一世对蓬巴尔充满敌意，他很快就地位不保。相似地，路易十五去世后不久，莫普也下台了。

所有的比较在概念与实践中都有问题，尤其是那些跨越历史长河的对比。但是，在蓬巴尔与20世纪葡萄牙总理安东尼奥·德·奥利维拉·萨拉查之间有许多相似之处。两者都专制独裁，乐于使用武力对付对手。事实上，根据当时的标准，他们最终都依赖于警察国家带给自身的权力。两人掌权的原因都是对看似无能的旧体制的不满。为防止危机爆发，他们都竭力避免国外战争。蓬巴尔与萨拉查都试图改革。在某种程度上，他们都是政治经济学家。但是，他们都不能接受关于改革的其他解释。在本质上，他们选取的都是社团主义方案。两人也都想壮大葡萄牙帝国。

与此同时，两者也有重要区别。根据当时的标准看，蓬巴尔个人智力超群。他想减少教会的政治权力与潜力，尤其是针对耶稣会士与宗教裁判所。这与1910—1919年共和党人的反教权主义类似。相比之下，萨拉查是神职人员的坚定支持者。虽然他也是著名经济学家，但智力平平。我们很难想象萨拉查能像蓬巴尔一样改良种族法律、反对宗教裁判所。萨拉查是个坚定的传统主义者，这是其改革的重要背景。

但是，蓬巴尔也是个合适的参照标准。1934年，在萨拉查执政时期，里斯本蓬巴尔侯爵广场或曰环岛的蓬巴尔纪念碑竖立起来。纪念碑底座上记录着蓬巴尔的改革。讽刺的是，提出修建这座蓬巴尔纪念碑的是共和党人，他们想要向蓬巴尔的反耶稣会教义致敬。但是，萨拉查修建雕像，是为了表彰蓬巴尔的政治实力与复兴国家、帝国的抱负。萨拉查自诩为蓬巴尔式的总理。

来自英国的观光客

正如财力雄厚的贵族、第二代里士满公爵查尔斯于1728年所发现的那样，在伊比利亚半岛的旅游观光长期以来都引起了人们的兴趣。同是贵族的英国北部事务大臣、第二代子爵查尔斯·汤申德无法想象"是什么样的兴致能让里士满公爵大人特意走上如此游人罕至的道路"。英国驻里斯本大使提拉沃利致信里士满："就事论事，我觉得西班牙与葡萄牙比其他国家更能引起人们的好奇心。因为它们最鲜为人知，完全不在常人经过的驼马路上。而且它们还能让你像丹皮尔、约翰·曼德维尔爵士、哈克卢特与费尔南·门德斯·平托一样名留后世。"他提到的这些人都是知名旅行家。

人们并不觉得葡萄牙是最有趣的旅行目的地。里斯本没有巴黎那种国际性、平易近人的文化。里斯本社会看起来也枯燥乏味、离群索居。葡萄牙天主教明显比法国天主教更敌视新教。语言也是一道障碍。虽然一些葡萄牙贵族说法语，但很少有外国人懂葡萄牙语。里斯本以外的地方似乎没什么看点。海滩当时还没有流行起来，群山不如阿尔卑斯山脉的雄伟壮丽，罗马古迹远没有意大利的出名，当时人们对摩尔遗迹也兴致索然。

虽然葡萄牙不像意大利那么遥远，但是对英国人来说也算是远方。人们当时去葡萄牙普遍走水路。虽然在里斯本与法尔茅斯之间有班轮业务，但是去葡萄牙旅行并不容易。1725年，英国陆军准将詹姆斯·多默前往里斯本途中因逆风天气滞留在普利茅斯。1727年12月，多默回程时再度因逆风不得不在里斯本停留数日，最终回到普利茅斯共耗时12天。

次年3月，接替他的人因逆风被迫滞留15天。旅行的替代方案是走陆路经法国、西班牙前往葡萄牙。在这条漫漫长路上，人们不得不翻越比利牛斯山。旅行者会因设施差而吃尽苦头，尤其是在西班牙的时候。乘船前往地中海地区的那些人常驻足里斯本。约翰·斯温顿在日志中记录了他1730年的里斯本之旅——有个拉皮条的跟他搭讪。但是，穿过比斯开湾的旅程并不总是舒适惬意，船只没有任何稳定装置。

许多前往葡萄牙的都是兴致勃勃的旅行者，其中包括：1729年到那里去的里士满公爵与第3代拉德诺伯爵亨利；1786年，第10代彭布鲁克伯爵亨利也前往了葡萄牙。此外，人们还纷纷发表旅行游记。1775年，威廉·达尔林普的《1774年游历西班牙和葡萄牙》面世。达尔林普参与过1762年战役。1774年，正值他在北美服兵役归来的间歇期。在伦敦发现的其他作品包括：约翰·科尔巴奇的《佩德罗二世葡萄牙宫廷录》（1700年）、威廉·布罗姆利的《七年遍游葡萄牙、西班牙、意大利、德国、普鲁士、瑞典、丹麦与联合省》（1702年）、约瑟夫·巴雷蒂的《伦敦、英国、葡萄牙、西班牙、法国、热那亚沿途见闻》（1770年）、理查德·特威斯的《1772—1773年西班牙和葡萄牙游记》（1775年）、亚瑟·科斯蒂根的《葡萄牙社会风俗概述》（1787年）、詹姆斯·墨菲的《1789—1790年葡萄牙游记》（1795年）、理查德·克罗克的《葡萄牙和西班牙多省游记》（1799年），以及亨利·林克的《葡萄牙游记》（1801年）。科尔巴奇是名医生。布罗姆利是拥有大量土地的乡绅，后来他还成了国务大臣。特威斯的父亲是名英国商人。身为有钱人，他游历过许多地方。1775年，当罗伯特·杰夫森的戏剧《布拉干萨悲剧》在德鲁里巷王家剧院上演时，葡萄牙历史被搬上伦敦舞台。

英国旅行者去葡萄牙的理由五花八门。1753年，巴恩斯特珀尔议员托马斯·本森在诡计被发现后逃到那里——本森因拖欠烟草税面临巨额罚金。于是，他一番安排，让自己的船"夜莺号"急忙赶往布里斯托尔海峡。此前，他已为此船投下巨额保金。船上货物卸在之前租借的兰迪岛上。1772年，本森死于葡萄牙。年轻的戴维·加里克去葡萄牙的原因与本森大不相同，这位后来成名的男演员去葡萄牙是为了积累经商经验。

越来越多的人为了养生从英国去里斯本旅行，因为那里的空气、气候在人们看来是欧洲最好的之一。1737年，剑桥古文物研究者威廉·科尔牧师前往里斯本休养。他参观了马夫拉和辛特拉。但是，许

141

多人并没有在里斯本康复，而是死在那里：1754年是亨利·菲尔丁，1768年是塔维斯托克侯爵夫人伊丽莎白，1769年是帕特里克·莫兰从布里斯托尔路过那里时去世，1774年是威廉·蒙塔古议员，1781年是约翰·佩勒姆·克林顿勋爵。里斯本的英国墓地葬有多位英国人，其中就包括菲尔丁。

在葡萄牙，英国人很少去里斯本以外的地方旅行，除非是那些前往马德里，经过巴达霍斯走大路的人。葡萄牙因此引来如下描述：1729年，有人写道："我从没在路上吃过那么多苦。"1775年，后来成为第二代奇切斯特伯爵的托马斯·佩勒姆观察到："从里斯本开始的旅程让我经历了很多麻烦。它也让我明白，许多麻烦其实只是凭空想象出来的。因为，走了两三天以后，你开始喜欢水煮鸡或兔，胜过法国烹饪的所有蔬菜炖肉。"

事实上，里斯本以外地区的旅游设施极不发达。1700年，前往波尔图的理查德·克里德觉得道路"特别难走"。他抱怨说："和我在这条路上见过的最好的旅馆相比，英国最糟糕的狗窝也算是宫殿了。每家旅馆都没有床。旅馆通常只有两间房：一间给旅客，另一间给骡子……所有人都带着家里全部的粮食。"1760年，第七代斯特拉斯莫尔伯爵约翰与他的剑桥同伴、第一代卡姆尔福德勋爵托马斯·皮特（"老威廉·皮特"的侄子）同游葡萄牙后继续前往马德里。受疾病困扰的皮特在里斯本开始国外旅行。当时正值七年战争，欧洲大陆大部分地区都不得安宁，因此里斯本成为国外旅行的出发点。皮特的姑妈安妮很不想让他在伊比利亚半岛旅行：

最令我不安的是他要在一年中最热的时节，在欧洲最热的国家

142

最热的地方开始糟糕透顶的旅行。之前他在里斯本时，我发现他本来就快要好了，结果又生起病来……一想到他要让自己遭的这些罪我就来气。因为，我真的觉得他的旅程比打仗还要累得多、危险得多。

1760年的食物

受惠于王家教团，斯特拉斯莫尔与皮特成为座上宾。但是，他们并不喜欢东道主在阿尔科巴萨修道院奉上的盛宴：

"大桌子上堆满分量十足的菜肴。我们首先品尝的是一道由肉汁、坏油、醋与糖烹制的汤；其他菜是由完全覆盖在米饭中的煮熟禽肉堆起的一座座金字塔；在有些菜里，鸟腿扭曲变形，像是被活活烤熟的一样。所有菜都有股大蒜、番红花粉跟坏油味儿。我们的第二道菜是成堆的糖霜肉煎饼和五香菜炖肉……甜点是成堆的橙子、甜柠檬、香橼与甜糕点。它们都只用甘蔗调味。"

更著名的英国游客是威廉·贝克福德。1785年，他因与一名少年之间的丑闻离开英国。1787年，他在前往位于牙买加的他自己的种植园的路上，参观了葡萄牙。但是，到头来他并没去成牙买加。英国使节打断了贝克福德在里斯本觐见王室的计划。事实上，贝克福德由于声名狼藉被迫离开里斯本。1793—1797年，他重返葡萄牙后，热心于狂放不羁、原始风味的葡萄牙风景，给辛特拉附近蒙塞拉特的花园做园林美化。另一位英国访客乔治·拜伦在《恰尔德·哈罗尔德游记》中赞美过这些花园。在后来的一次旅行中，贝克福德在1794年参观了阿尔科巴萨、巴塔利亚。1835年，他对葡萄牙僧侣奢靡的生活进行过辛辣尖刻，却又妙趣横生的描述。据他所言，葡萄牙僧侣既贪吃又懒惰。他还提到旅行中的种种问题，例如在塔霍河谷旅行的困难："我们开始感到酷暑难耐。我们进入一片松林，芳香宜人的阵阵微风让人神清气爽。"18世纪90年代初，罗伯特·索锡也游览过葡萄牙。然而法国大革命阻碍了已有的旅行路线。

玛丽亚一世

若泽一世的继承人玛丽亚一世（1777—1816年在位），人称"虔诚的"玛丽亚。1792年，她被宣布精神失常。她的儿子若昂后来成为她的继任者，即若昂六世。1799年，虽然若昂只有摄政王头衔，但他还是接管了政府。1760年，玛丽亚嫁给自己父亲的弟弟、她的叔叔佩德罗。1777年，他们在名义上成为共治者。但是，由于玛丽亚是嫡系继承人，她一人皇权独揽。玛丽亚反对社会变革，将蓬巴尔免职并逐出里斯本。蓬巴尔回到自己的领地，于1782年去世。

玛丽亚患有抑郁症。尤其是在1786年佩德罗去世，1788年她的长子若泽去世，还有更严重的法国大革命的消息传来时，玛丽亚的心理健康状况恶化。在这类问题上，葡萄牙与英国的对比明显：英国议会在试图解决因乔治三世的疾病而引发的宪法问题时所起到的作用上。乔治三世的健康在1788—1789年成了一个政治问题。

玛丽亚一世葬于里斯本埃什特雷拉圣殿。1779 年，她在生下长子若泽后为了还愿，下令修建此殿。但是，还没等圣殿在 1790 年竣工，若泽就因天花去世了。大多数君主在身后都留有纪念性建筑物。这种普遍性彰显出君主地位。葡萄牙仰仗自己的殖民收入，有足够的经济实力这么做。

王室与财富的联系也见于其他事例之中。1616 年，桑乔一世之女、马法尔达修女（约 1195—1256 年）的不朽尸身被发掘出土。1793 年，人们对她的尸身进行美化处理。在 20 世纪，葡萄牙对马法尔达以前资助过的阿罗卡女修道院进行大规模重新装潢、扩建，如今供人们参观。

葡萄牙与法、西之间的危机

在玛丽亚统治时期，葡萄牙与英国关系进一步恶化。1782 年，葡萄牙加入"武装中立同盟"。在美国独立战争期间，俄国为阻止英国控制海上贸易，主导建立了该同盟（未动干戈）。1783 年，法国、葡萄牙协商签署贸易协议。

探索非洲

1796 年，英国人从荷兰人手中夺走开普殖民地。身为赞比西河上塞纳地区总督的弗朗西斯科·拉赛尔达·阿尔梅达对此表示担心。于是，他在 1798 年做出决定：葡萄牙人应将他们在莫桑比克与安哥拉的殖民地连接起来。他抵达中非的姆韦鲁湖，但却病死在那里。虽然在 1806—1811 年，两个葡萄牙混血奴隶贩子佩德罗·巴普蒂丝塔与安东尼奥·诺盖拉·达·罗沙从安哥拉的卡桑奇穿越非洲前往塞纳，但是，阿尔梅达的努力是葡萄牙的最后一次相关尝试。

数年后，当英国与西班牙就今天不列颠哥伦比亚省海岸的控制权展开争夺，几次与法国、西班牙交战，葡萄牙在努特卡湾危机中没有支持英国。18 世纪 90 年代，英国与葡萄牙之间存在殖民争端，尤其是针对安哥拉以北的海岸线。葡萄牙的处境与西班牙在努特卡湾的处境相同。因为在某种程度上，葡萄牙自己的殖民地位就是基于历史上对成片无人居住领土的所有权主张。不过，所谓的"无人居住"是指没有被欧洲人所占据。这才是欧洲外交所关注的问题。毫无疑问，葡萄牙对英国想把里斯本变成努特卡湾危机中英国海军基地的提议并不感兴趣。

1792 年，葡萄牙同英国、西班牙、荷兰一样，没有与大革命时期的法国交战。但是，奥地利与普鲁士选择向法国开火。1792 年 5 月，英国驻里斯本大使托马斯·沃波尔报告说：

大量法语宣传小册子与法国宪法复本已运抵一个葡萄牙港口。在科英布拉大学的一些学生身上，人们感受到一种与这个国家的传统教育理念相反的神学、政治学精神。虽然这里的政府倾向于无视这些原来人们眼中幼稚轻率的举动，但是此后一些小教堂被人拆除了装饰品与画像，据说，"做坏事的人"被带往里斯本。

1787年、1789年，激进主义已导致果阿与米纳斯吉拉斯两地分别出现（不成功的）共和党阴谋。但是，1792年的重要政治问题是应对玛丽亚一世突发严重精神疾病的问题。若昂虽然有些不情愿，但还是接管了政府。

面对法国对荷兰的重重威胁，1792年至1793年冬，英国准备与法国开战。这迫使葡萄牙武装起来。英国人告诉葡萄牙政府，革命者打算"推翻所有现存政府……把他们的政策带到欧洲各国"。

1793年，葡萄牙卷入英国、西班牙与荷兰的旋涡中。此举预示着它在第一次世界大战中将加入协约国。1793年，6000名葡萄牙士兵与西班牙人一道被部署在比利牛斯山上。但是，1794年，法国人在那里获胜。1795年，西班牙退出战争，转而与法国结盟。作为回应，葡萄牙宣布中立。但是，在当时充满机会主义色彩的国际关系中，中立是一种不稳定的立场。因为，人们认为向葡萄牙施压是打击英国的方式，而且法国在1762年已尝试过。

1799年年末，拿破仑上台，他向西班牙施压，让葡萄牙与英国决裂。1800年，若昂（前一年已正式成为摄政王）拒绝了这个要求。1801年，西班牙与法国入侵葡萄牙。这引发了一场短暂冲突，即"橘子战争"。西班牙军队集中兵力打了一场边境战。他们攻下不堪一击的葡萄牙哨所，尤其是奥利文萨。但是，当他们攻进埃尔瓦什时，突然被击退。虽然西班牙首相曼努埃尔·德戈多伊在埃尔瓦什附近摘了许多橙子送给西班牙女王，以示"向里斯本进发"，但他并未进一步向葡萄牙挺进。

战争从5月20日持续到6月6日。当时，根据《巴达霍斯和约》的规定，葡萄牙同意将奥利文萨割让给西班牙，支付巨额赔款，并禁止英国船只进出葡萄牙港口。作为回应，英国人为挫败法国或西班牙占领重要贸易路线上的马德拉岛的企图，抢先攻占那里。在葡萄牙本土，当西班牙人在战争结束后撤离罗德里格城堡的堡垒时，他们摧毁了那里。如今，那里仍是一片废墟。奥利文萨依然是人们争论的焦点。葡萄牙宣称，1807年的侵略导致《巴达霍斯和约》作废。此外，1815年《维也纳和约》要求归还奥利文萨（1817年西班牙签署该条约）。但是，这项要求并没有生效。

虽然在1805年第三次反法同盟战争中，其他欧洲列强（尤其是奥地利和俄国）联手抵抗拿破仑，但葡萄牙直到1807年一直保持中立。葡萄牙的大臣们意见不合，他们为支持英国、法国还是继续中立而争论不休。最后一种选择是最容易的，因为中立让葡萄牙留有选择余地，尤其是当拿破仑被打败的情况下。但是，拿破仑击败奥地利、普鲁士，迫使俄国接受自己的要求，结束了欧洲与英国的贸易。作为这项政策中的关键一环，拿破仑命令葡萄牙关闭与英国的贸易口岸。当若昂因担心自己的统治而有所迟疑时，法国与西班牙入侵葡萄牙。若昂决定关闭港口，但为时已晚。

名媛伊丽莎白

克雷文侯爵夫人伊丽莎白（1750—1828年）是伯克利伯爵之女。她因私生活与四处游荡而声名狼藉。1791年9月，在双方原配去世不久后，伊丽莎白与勃兰登堡－安斯巴赫侯爵查尔斯·亚历山大在里斯本结为夫妇。伊丽莎白在她的《回忆录》中提到："里斯本的气候让我的头发长得很长又极其浓密；那里的空气有益健康，让我感到神清气爽，体质也得以增强。"与其他英国评论者一样，包括大多数1808—1813年在葡萄牙服役士兵的描述，伊丽莎白批评葡萄牙人的迷信，抨击他们的政府体制。她也不喜欢葡萄牙斗牛，觉得马夫拉是"迷信与奢侈的混合物"，而辛特拉则是"欧洲最令人愉快的地方之一"。她还写到葡萄牙女性：

"葡萄牙的女士身材娇小，有着橄榄色皮肤，她们的眼睛通常是黑色的，还总是顾盼生姿，衣着华丽，举止唐突。她们与自己的仆人保持很远的距离，并要求对方向自己致以崇高的敬意。那种程度的致敬，也许只适用于王室要人。她们的家具大得惊人。家里仆人的数量之多也让人称奇，因为她们从不遣散任何忠心侍奉自己或先祖的人。"

第九章

危机四伏的欧洲与重创后的葡萄牙

葡萄牙似乎已经确定了未来稳定的航向，但事实并非如此。

1807年10月，让－安多歇·朱诺率领法国军队入侵葡萄牙。11月30日，这场侵略以里斯本被占领而告终。事后，朱诺成为葡萄牙总督。不同于1580年和1762年的西班牙入侵，这次，法国人没有遇到抵抗。但是，朱诺从萨拉曼卡经陆路向前进军的过程并不顺利。此前，英国已经派出一支舰队。舰队接到的指示是：要么护送玛丽亚一世与摄政王若昂六世前往巴西，要么在葡萄牙政府向法国人投降时攻打里斯本。若昂迫于英、法两国的压力，最终决定接受英国的保护。让人吃惊的是，他和约15000人的随从前往巴西。困惑的玛丽亚一世不知自己将要去向何方。尽管这次漫长的旅程要更加艰辛，但它重复了其他统治者逃亡的模式：在英国舰队掩护下，那不勒斯国王逃往西西里岛，萨伏依－皮埃蒙特统治者逃亡撒丁岛；法国国王路易十八与奥兰治亲王威廉五世避难英国。逆风耽误了若昂六世的行程，以至于当法军已经兵临里斯本郊区时，他才扬帆起航。这个计划本身可谓历史悠久。由于西班牙的威胁，安东尼奥·维埃拉早在17世纪40年代就曾向若昂四世提出过奔逃巴西的建议。巴西是葡属大西洋帝国中最有价值的部分。

拿破仑征服葡萄牙，是为了巩固1806年柏林、米兰两道敕令的成果，进一步实行对英国及其商品的经济封锁，削弱英国的经济与战备。拿破仑本想让哥哥约瑟夫登上西班牙王位，从而加强法国对西班牙资源的控制。但是，他的如意算盘落了空。这个错误举动导致1808年西班牙人民起义爆发。英国人趁势而动，8月1日—5日，在陆军中将阿瑟·韦尔斯利爵士（第一代惠灵顿公爵）的率领下，英国远征军在葡萄牙蒙德戈湾登陆。

1808年8月21日，这支军队在维梅鲁击败由朱诺率领的法国大军。韦尔斯利把步兵部队部署在山脊后，保护他们不受法军炮火的进攻。他让步枪手在山坡上分散开，阻止走在队列前面的法国散兵破坏英军队形。英国步兵与炮阵阻挡住不太协调的法军前进的脚步。英军开始向山下冲锋，击退法军。

接着，两名上级军官前来接替韦尔斯利的位置，他们不想乘胜追击。根据8月30日签署的《辛特拉条约》的规定，他们同意法国人提出的条件，让法国人撤出葡萄牙。但是，法国人乘英国船回国后可再度开战。英国人也同意用船帮法国人运行李、战利品。这个条约在英国激起公愤，军队指挥官被召回国接受伦敦调查法庭的审判，约翰·摩尔爵士成为指挥官。

与此同时，拿破仑为解决西班牙危机亲自介入，1808年12月4日，他来到马德里。摩尔受命向西班牙提供支援，于是从里斯本前往西班牙。结果，面对人多势众、向前挺进的法军，摩尔最终不得不撤退到科伦纳。英军可以从那里坐船回国。拿破仑向里斯本进军的计划陷入一片混乱。但是，尼古拉斯·让–德迪乌·苏尔特元帅将摩尔追击至科伦纳。在迫使后者从那里率部撤离后，苏尔特接着挥师南下，前去摧毁葡萄牙的英军。这些部队在陆军中将约翰·弗朗西斯·克拉多克爵士的率领下驻守在里斯本。克拉多克是一位谨慎的指挥官，他的这种谨慎在摩尔战败后是不难理解的。克拉多克觉得，也许有必要撤离。

1809年3月27日，一向精力充沛的苏尔特突然猛攻波尔图。但是，在韦尔斯利的率领下，精神饱满的英军被派往蒙蒂斯克鲁斯，韦尔斯利成为那里的英军指挥官。5月12日，韦尔斯利奇渡杜罗河，击退反攻，占领波尔图。城中有一座雄狮制服老鹰的雕塑，正是对这次胜利的纪念。苏尔特方面部署不当、反应迟钝，因此使得执行得当的英军取得这场进攻战的胜利。此前，苏尔特错误地认为，他已将渡河需要的所有船只都收缴了。苏尔特战败后率军向东北部撤退，沿途打家劫舍，生灵涂炭。例如，他们烧毁了阿马兰蒂镇大部分领土。因为，当法国人寻找渡口时，镇民曾奋力守卫一座桥不让他们通过。如今，游客可以在火车站旁看到那场劫掠过后被烧毁的旧宅邸遗迹。在法国发动的战役中，这种破坏时常有之，这也就解释了一面倒地赞扬拿破仑是十分不合理的。

为阻挡法国人从东向里斯本挺进，英国人沿塔霍河部署了另一支军队。但是，维克托元帅（克劳德·维克托·佩朗）率领的法军在听闻韦尔斯利的波尔图大捷后，加上他们在阿尔坎塔附近的食物短缺，法军在遇到英军前就停止进军。事实上，正是英国人破坏了僵化的法军战略，法国人糟糕的后勤，也让自己的战略受到影响。通常来说，法国人以为他们能获得所需的补给。这种做法在军事上冒进、在政治上不合时宜，同时也具有毁灭性。

1809—1810年冬，在第四次反法同盟战争中，法国与奥地利的战争结束。虽然法国起先集中军力对付西班牙军队，但对奥战争结束后，法国向伊比利亚半岛派出法国援军。安德烈·马塞纳元帅虽然最初试图拒绝担任葡萄牙军团司令的职务，但最后不得不走马上任，还受命征服葡萄牙。1809年8月，韦尔斯利的爵位已升至子爵。面对法国进攻的威胁，他在1810年率部撤退，以免与人数要多得多的法军交战。韦尔斯利的战略是纵深防御。当拿破仑不顾马塞纳想要直取里斯本的计划，下令让他先攻占西班牙罗德里戈城与葡萄牙阿尔梅达的坚固边境堡垒时，韦尔斯利因此获得额外的备战时间。两座堡垒先后被攻陷。8月27日，阿尔梅达军火库爆炸后，马塞纳攻占了那里。但是，围城拖慢了他的行军速度。怒火中烧的拿破仑向马塞纳提供的军队也远少于当初的许诺。

韦尔斯利没有从水路撤回英国，因为他坚信英军能守住葡萄牙。韦尔斯利建起强大的退守筑防阵地——倚靠主要海岸线由两排堡垒与天然屏障构成的"托雷斯韦德拉什防线"——从北部守卫附近的里斯本。虽然那里被植被覆盖，但人们如今仍能寻访到这些防御工事的重要部分，尤其是圣维森特堡垒。在里斯本以西塔霍河岸上的第三条防线，保卫着圣茹利昂巴拉堡垒，以防英国人仓皇撤退时需要庇护。

9月15日，马塞纳率军侵略葡萄牙。1810年9月27日，惠灵顿选择在布萨库山有利的防御阵地主动迎战向前挺进的马塞纳军队。法国人发现，英葡军队在山脊上排列开来。法国人明显计划不周的进攻被击退。有近5000人伤亡，半数是葡萄牙人。人们竖起一座纪念碑庆祝这场胜利。布萨库宫殿宾馆内的瓷板画描绘了战争的场景。附近还有一座纪念这场战争的军事博物馆。

但是，英军阵地被敌人包抄，惠灵顿不得不退至托雷斯韦德拉什防线。10月12日，法军抵达防线，但防线过于强大，他们无法攻破。法国人没有攻城设备，兵力也不足。就像1762年西班牙人入侵时遇到的情况，法国人在被毁的乡村地区忍受着严重的营养不良。多亏了焦土政策，英国皇家海军上校约翰·希尔记录道："葡萄牙受到重创。我看到许多村子附近除鸽子外，别无一物；地板、椽子拆掉后，要么被烧，要么用来搭建小屋。在我们的军队到来前，所有居民全都躲了起来。结果，几个月前还好好的一个国家，如今沦为一片荒漠。"

惠灵顿集中精力巩固阵地，不给马塞纳交战的机会。刺探式的法军行动失败。拿破仑以为，英国海军无力为托雷斯韦德拉什防线间的100万人提供给养，可是他错了。然而，拿破仑乐于看到英军被牵制在里斯本。他还认为葡萄牙摄政王也许会放弃这场战斗。诸如惠灵顿的副指挥官、少将布伦特·斯潘塞爵士这样的英国军官也错了，因为他们怀疑惠灵顿防御计划的可行性。惠灵顿精通后勤运作之术。

冬季到来是一个严重的问题，让法军的补给问题雪上加霜。法军由于疾病与饥饿而伤亡惨重。1811年3月5日，马塞纳开始撤军。事实上，法军从陆上大规模围攻里斯本的计划失败。

惠灵顿向法军反复发动进攻，对马塞纳穷追不舍。在北面，英军围攻阿尔梅达。5月初，英军在丰特斯德奥尼奥罗成功阻截为阿尔梅达解围的马塞纳，阿尔梅达随即陷落。如今，它依然是一处有趣的堡垒遗址。当地博物馆的解说有助于人们理解当时的详情。一向不饶人的拿破仑将马塞纳免职。

1811—1813年，惠灵顿入侵西班牙。在这个过程中，葡萄牙为他提供了重要的人力资源。1809年3月，英国军官威廉·贝雷斯福德获得葡萄牙军队最高指挥权，而惠灵顿此前拒绝了这个职位。贝雷斯福德曾在1807年占领过马德拉岛。他在英国防线上重整了葡萄牙军队。葡萄牙人一直英勇奋战，正如他们在布萨库（1810年）、阿尔武埃拉（1811年）与萨拉曼卡战役（1812年）中的表现一样。萨拉曼卡战役是场关键性胜利。在盟军伤亡人数中，有1/3是葡萄牙人。葡萄牙人在1813年的维多利亚战役中也表现英勇。盟军同样取得了至关重要的胜利。1814年，这些葡萄牙军队随惠灵顿一起入侵法国。因为他们更加纪律严明，所以惠灵顿觉得他们是比西班牙人更好的士兵。

但是，战争结束后，葡萄牙大部分地区破坏严重，平民伤亡惨重。法国侵略者造成严重破坏。由于他们的敲诈勒索，许多平民丧命，其中就包括1808年贝雅被洗劫期间的屠杀。法军也对纪念建筑造成很大破坏。因此，1811年，寻找战利品的法军毁坏了阿尔科巴萨修道院内佩德罗与伊内斯的坟墓。葡萄牙农业在战争期间遭遇重创，引发饥荒。此外，英国的竞争也极大地影响了葡萄牙贸易。事实上，葡萄牙人对英国的经济、政治影响，以及贝雷斯福德率领的军队都深恶痛绝。

玛丽亚一世死后，若昂六世在1816年3月正式登上王位。此时，人们在政治上的不满开始显露出来。若昂明白自己在巴西的财富与地位，因此并不急于再次横渡大西洋，他依然留在巴西。葡萄牙进入摄政时期，军队依然处于贝雷斯福德的控制下。正如1974年的康乃馨革命一样，军队的不满对后来演变出的革命至关重要。相反，自由党的煽动将注意力集中在召集议会上。葡萄牙自1698年起就没有召开过议会。不同于英国议会，葡萄牙政府在巴西黄金的帮助下，一直都没有召开议会的需要。西班牙自由主义鼓励葡萄牙自由党人进行煽动，采取召集议会的做法。1817年，在戈梅斯·弗莱雷·德安德拉德（曾效力于拿破仑）带领下的一群革命者遭到背叛，后被处决。

这种不得人心的举动，导致了1820年自由党人革命。这场革命遵照西班牙事态发展模式，8月24日在波尔图爆发，并迅速向其他地方蔓延开来。革命者反对贝雷斯福德继续对葡萄牙施加影响，呼吁若昂从巴西回国，号召基于1812年西班牙宪法的模式，由若昂与议会组成君主立宪制政体。他们还要求将巴西的地位从王国下降至殖民地。1815年12月，若昂授予巴西"葡萄牙－巴西－阿尔加维联合王国"的地位。革命者在没有事先征求若昂同意的情况下擅自组建政府，并在1821年召开议会。由此诞生的摄政议会以若昂之名行使权力。他们释放了政治犯，强烈要求若昂回国。革命者遵照自由党人的政治议题行事，在1821年废除宗教裁判所，取缔宗教教团。1823年，当西班牙通过第一部新闻出版自由的法律后，审查制度也遭废止。

1821年7月，犹豫不决的若昂返回葡萄牙，他把自己天资聪颖的儿子佩德罗留在了巴西，任巴西摄政王。1822年，葡萄牙通过宪法，但是这场革命与议会的政策在巴西并不受欢迎。反过来，1822年9月7日，巴西宣布独立。佩德罗成为第一位巴西帝国皇帝。1822—1824年，巴西爆发反抗当地葡萄牙军队的战争。葡军在北部省份及里约热内卢以南的省会城市。受雇于巴西的英国海军军官、水手在隔绝葡萄牙守备部队，帮助巴西打赢这场战争的过程中发挥了重要作用。1823年，葡萄牙人被迫离开巴伊亚州萨尔瓦多，巴西中队也攻占马拉尼昂、贝伦杜帕拉。1825年，葡萄牙被迫承认巴西独立。英国外交家查尔斯·斯图尔特在此过程中起到关键作用。

巴西独立并非必然，而是十分偶然的事件。叛乱在巴西蔓延开来，与此同时，西属美洲的崩溃是巴西独立的重要背景。在巴西，葡萄牙统治的支持者与反对者之间的冲突比西属美洲一些地区的要短暂，尤其是后来的委内瑞拉，更别提西属美洲整体了。但是，巴西冲突持续的时间要比其他一些地方长。与西班牙及西班牙议会的政策一样，葡萄牙的政策转向同样对巴西产生了影响。

到头来，卢苏—大西洋世界中的许多联系，尤其是安哥拉与巴西之间的联系依然紧密（卢苏意为"与葡萄牙有关的"，源于古罗马行省名"卢西塔尼亚"）。但是，失去巴西让葡萄牙经历沧桑巨变。

在若昂六世治下的最后几年，葡萄牙不仅失去了巴西，国家也日益动荡不安。但是，葡萄牙的动乱无法与西班牙的乱局相提并论，后者面临着内战与1823年的法国侵略。1823年，葡萄牙爆发反对自由主义的叛乱。若昂次子、又称"专制主义者""传统主义者"的米格尔王子在这一事件中扮演了重要角色。他受到母后卡洛塔·华金纳的鼓动。这位西班牙公主一直是若昂的政敌，她还对自己的丈夫不忠。米格尔组织维拉弗兰卡达军事演习，要求归还他的"父亲那不可剥夺的权力"，即专制权力。在这种压力下，若昂本人虽同情自由主义，但不得不暂停1822年宪法，并被迫同意接受专制。1824年，若昂与米格尔关系破裂。5月，若昂在英法使节支持下重新掌权，将米格尔流放。1825年左右，若昂许诺草拟宪章并确实付诸实践。这使葡萄牙最终转变为温和的自由主义。它有别于1820年自由党人革命时提出的"自由主义体制"，也许与法国路易十八的君主制相对应。

1821—1823年的一位访客

玛丽安娜·贝利陪丈夫亚历山大同游葡萄牙后，在1824年出版了自己的游记。她对葡萄牙的评论毁誉参半。她住在里斯本郊外，对那里街道上的污物与恶臭怨声连连。她也看不惯那里居民的好逸恶劳。贝利接着说道："街角到处都是令人窒息的炸鱼热气、变质油与大蒜味，还混合着腐烂蔬菜、变味食物散发出的阵阵恶臭。还有其他可怕的东西……成群结队的跳蚤、臭虫、蚊子与其他害虫，多得难以想象。"但是她对葡萄牙人的彬彬有礼青睐有加，也喜欢那儿的炒栗子，还有"一种低度白葡萄酒，这里有卖的。我们觉得几乎和莱茵河白葡萄酒一样提神醒脑"。

若昂认可巴西独立后，恢复了儿子佩德罗（巴西皇帝）的王位继承权，并为佩德罗的女儿、公主伊莎贝拉·玛丽亚选定摄政议会，由议会在他死后至佩德罗回国前代管国家。虽然是以二元君主国的方式，但这为恢复葡萄牙与巴西间的联系提供了可能性。1826年3月10日，若昂去世。当时，葡萄牙似乎已经确定了未来稳定的航向，但事实并非如此。

第十章

君主时代：现代化的黎明

国王们挥金如土建造的宫殿，与大多数臣民的穷困潦倒形成了鲜明对比。

1826 年 3 月 10 日若昂六世死后，他的儿子巴西帝国皇帝佩德罗一世，即如今的葡萄牙国王佩德罗四世，为缓和自由党人与专制主义者之间的矛盾，颁布宪章。他也将葡萄牙王位让给了自己的女儿——当时年仅 7 岁的玛丽亚。条件是，她要嫁给自己的叔叔米格尔。她成为玛丽亚二世。佩德罗之所以退位，是因为他知道葡萄牙人与巴西人都不想要一个联合王国。

佩德罗的弟弟米格尔结束了在维也纳的流亡生涯，以摄政王及侄女玛丽亚未婚夫的身份回国。他宣称，从佩德罗宣布巴西独立那一刻起，佩德罗就放弃了葡萄牙王位继承权。葡萄牙内战爆发时，若昂未婚的女儿伊莎贝拉·玛丽亚在 1826—1828 年担任摄政王；米格尔取代玛丽亚二世（他从未迎娶玛丽亚）。议会向世人宣布米格尔为葡萄牙国王。米格尔废除 1826 年宪法，这导致了战争爆发。波尔图的卫戍部队宣布效忠于佩德罗四世、他的女儿玛丽亚与宪章。自由党人与专制主义者（米格尔集团）之间的争斗被称为"葡萄牙自由战争"。在初始阶段，叛乱扩散开来。但是，米格尔在教会与地主的支持下，对叛乱进行残酷镇压。教会与地主都担心自由主义的发展。许多自由党人逃往国外，他们去往西班牙、英国。其他人被捕。伊莎贝尔·玛丽亚素来远离政治，虔诚信教。

1831 年，佩德罗将巴西王位让给自己的儿子后，乘船返回欧洲与米格尔展开争夺，这个过程耗费数年时间。随之而来的冲突与混乱给葡萄牙造成巨大经济损失。这种损失有助于人们理解那个时期的低经济增长率。佩德罗先在自由党人统治的亚速尔群岛中的特尔赛拉岛建立政府。

1832 年 7 月，佩德罗在波尔图登陆并占领那里，结果被围。但是，

1833年7月5日，在离圣文森特角不远处，米格尔的舰队被查尔斯·纳皮尔爵士率领的一支人数较少的自由党海军击败。此前，在重要自由党人特尔赛拉公爵的带领下，自由党的一支远征军在阿尔加维登陆，海战演变为白刃战。

特尔赛拉从阿尔加维向北进军，穿过阿连特茹。7月23日，他在阿尔马达和科瓦彼达迪击败米格尔派。此后，自由党人占领里斯本。米格尔派试图猛攻波尔图与里斯本，但被击退，伤亡惨重。1833年，玛丽亚再次被宣布为女王，佩德罗成为摄政王。他没收了米格尔支持者们的财产，镇压了修道院。

1834年，特尔赛拉与萨尔达尼亚公爵在阿尔莫斯特（2月18日）与阿塞塞拉（5月16日）两度打败米格尔派。在托马尔附近的最后一次战役是决定性的，米格尔派伤亡惨重。8日后，米格尔面对己方军官的不满，在埃武拉投降。根据在5月26日签署的《埃沃拉蒙特妥协》的规定，他被迫放弃王位继承权并被驱逐。佩德罗在1834年9月24日去世。关于他的遗迹有波尔图自由广场上的一座骑马铜像。

与半岛战争期间在葡萄牙的战役相比，双方的资金都捉襟见肘，这场战争资源不足。半岛战争期间，英国人、法国人提供的人才、物资与资金在这次战争中也没有体现。然而，正如1834年萨尔达尼亚所显示的，这并不代表双方在战场上没有展现出军事才能。内战具有毁灭性，其中就包括故意破坏。例如，1833年，米格尔的支持者们将阿尔布费拉镇付之一炬。虽然比不上20世纪60年代及70年代初的殖民战争，但是在后拿破仑时代的葡萄牙，这场内战是最具破坏力的战争之一。

内战对葡萄牙的海外阵地也有害无益，它不能再保持帝国的十足干劲。在莫桑比克，1833年，有扩张主义倾向的祖鲁人洗劫了洛伦索—

马贵斯。在安哥拉，葡萄牙人在19世纪30年代中期进入那里的中部高原，在19世纪50年代中期在圣萨尔瓦多建起堡垒，但在1866年放弃了那里。

虽然米格尔一踏上流亡之路，就公开谴责这种妥协，但米格尔派本身不具有西班牙卡洛斯派那样的执着精神。卡洛斯派也利用农民对政府的不满而发起另一场反革命运动。然而，葡萄牙依然动荡不安。1836年9月，激进分子在葡萄牙夺权。同年，西班牙自由党革命取得成功。在两国，军队的政治化是个关键因素。军队是发动或者抵御政变和叛乱的主体，这种情况预示着20世纪的军队在葡萄牙、西班牙扮演着重要角色。

萨尔达尼亚1834年的胜利助他在1835年当上议会主席。但是，1836年，情况失控：8月，军官叛乱；9月，革命爆发，九月党人恢复了1822年宪法。玛丽亚逃往贝伦，试图发动反革命运动。但是，面对九月党人的威胁，她失败了。另外，1837年，萨尔达尼亚与特尔赛拉在英国的支持下，发动元帅叛乱。他们试图推翻新政府，但没有成功。随后，九月党人组建激进的国民警卫队，控制了里斯本。结果，他们在1838年3月遭到军队镇压。

1842年和1844年，新一轮叛乱再起。萨尔达尼亚在1846—1849年、1851—1856年与1870年担任议会主席。其中，1870年是军事独裁统治时期。1846年春，米尼奥爆发的革命起义在10月演变成一场"小内战"。同年12月，保皇党军队在托雷斯韦德拉什战役中平定叛乱。这种动荡不安的局势，在欧洲并不鲜见，我们借此可以理解葡萄牙经济增长方面的问题。

毫无经验的玛丽亚二世（1826—1828年、1834—1853年在位）共有两任丈夫。她的第一任丈夫洛伊希滕贝格公爵乔薇在婚后两个月就去世了。但是，1836年，她与萨克森－科堡－哥达的斐尔南多二世的婚姻并不短暂。斐尔南多是阿尔伯特亲王（英国女王维多利亚的丈夫）的堂兄。斐尔南多热心赞助艺术活动，在辛特拉附近的佩纳建起一座奢华的夏宫。玛丽亚试图提高教育水平，治愈霍乱。19世纪40年代建于里斯本的玛丽亚二世国家剧院，是玛丽亚统治时期永久的见证。左翼自由党人基于1822年宪法试图限制皇权，他们反对玛丽亚政府。她的支持者称为"宪章派"。他们捍卫玛丽亚父亲佩德罗四世颁布的1826年宪章。社会上出现了要求进行现代化改革、促进社会经济进步的呼声，代表人物是莫西尼奥·达·西尔韦拉。1853年，年仅34岁的玛丽亚去世，肥胖与难产是她早逝的原因。

1855年，玛丽亚18岁的儿子佩德罗五世（1853—1861年在位）开始统治葡萄牙。此前两年，他的父亲费尔南多二世担任摄政王。佩德罗即位后开始推行现代化政策，尤其是在基础设施和公共卫生领域。铁路、道路的修建一直持续到下一任君主统治时期。这个阶段被称为"复兴"。佩德罗去英国访问时的表现令维多利亚女王满意。因为佩德罗虽去做了弥撒，但他抨击了葡萄牙社会愚昧无知、道德败坏，对东道主英国赞许有加。

好景不长，佩德罗和他的两个弟弟都染上了传染病。由于他婚后无子，佩德罗的王位由弟弟路易斯一世（1861—1889年在位）继承。路易斯的遗产包括贝伦的阿茹达宫殿，这座新古典主义风格的建筑造价高昂。他还将卡斯凯什开发成避暑胜地。与意大利、西班牙一样，葡萄牙政府在两个团体之间交替，一个更保守，一个更自由。在葡萄牙，这就是复兴党与进步党的区别。两者基于所谓的"交替"模式轮流执政，给社会带来频繁且不稳定的变化。国王偏爱前者，支持他们在19世纪80年代的统治地位。用英国的标准来看，保守党（复兴党）并非不开明，自诩开明的对手也不是特别受欢迎。反对自由党人的，只剩下米格尔派余党。

路易斯一世的儿子卡洛斯一世（1889—1908年在位）面对更加棘手的国内环境。作为欧洲模式的一部分，共和主义与激进主义势力在葡萄牙抬头。1900年，共和党在波尔图的选举中获胜，卡洛斯为平定那里的共和主义，宣布选举结果无效（这导致新共和党人当选）并强制结束了议会会议。看起来，政治体制已不能再给人们带来信服的结果了，当然不是那种能达成共识的结果。

1907年5月，国王强制推行佛朗哥独裁式政府统治。当佛朗哥在选举中失去多数票，没有马上呼吁举行选举时，他让卡洛斯解散了议会。卡洛斯让佛朗哥心愿得偿，给了他此前埃内斯托·欣策·里贝罗没能得到的优待。里贝罗是复兴党领袖，曾在1893—1897年、1900—1904年与1906年担任首相。当时，人们戏称这届政府是"行政独裁"。1906年5月，佛朗哥在国王支持下开始掌权。他试图建立深得民心、井然有序的政府，在坚决维护保皇主义的同时，绕过传统精英直接寻求民众的支持。这项政策起先成功了，但后来脱离了宪法对政府的限制。作为回应，佛朗哥变得日益专制独裁，尤其表现在对新闻界的审查上。这种立场使政府与君主的支持度都大打折扣。1908年2月1日，两名无政府主义者在里斯本市中心的宫殿广场开枪打死了卡洛斯。卡洛斯的长子路易斯·菲利佩负伤后从王家马车中开枪回击，最后也遇害了。

国王们挥金如土建造的宫殿，与大多数臣民的穷困潦倒形成鲜明对比。例如，1888—1907年，卡洛斯委托建筑师在布萨库的加尔默罗会修道院旧址上兴建新曼努埃尔式狩猎行宫。共和党人抨击皇室铺张浪费。这是一项重要的政治议题，尤其是在1907年当佛朗哥增加政府对国王拨款并付清国王负债时。

1908年，卡洛斯次子曼努埃尔二世即位，但他的统治只持续到1910年。卡洛斯死后，凶手们最初的行刺目标佛朗哥在2月4日被免职，他开始流亡生涯。虽然曼努埃尔试图通过停止对新闻界的审查、释放佛朗哥统治时期被关押的政治犯来赢得支持，但他的受欢迎程度并未因此骤增。此前政府增加的对国王的拨款被撤销，一些宫殿也被收归为国有名胜古迹，包括辛特拉、阿茹达与克卢什等宫殿。

然而，政府没能实现稳定团结，部分原因是共和党人想要推翻君主制。在曼努埃尔短暂的统治时期，葡萄牙就先后有6任首相。1910年，在日益频繁的大臣更迭与共和党越发激进的背景下，曼努埃尔被10月3日爆发的共和党革命推翻。军队在里斯本设起路障，两艘战舰炮轰皇宫。这场军事政变得到秘密共和党组织——煤炭党的支持。部队内有些反对势力，双方因此开战。公众对革命的支持十分有限。但是，共和主义在中产阶级中得到拥护。1908年，共和党人在里斯本市政选举中获胜。正如1889年在巴西时一样，1910年，军队在葡萄牙也起到了关键作用。1910年10月5日，面对共和党人对里斯本的全面接管，曼努埃尔从埃里塞拉乘船逃亡英国。他本来可以去波尔图求援，但他没有这样做。他在英国特威克纳姆的富尔韦尔公园一直生活到1932年，最后去世。人们可以在辛特拉山脉的佩纳宫殿内参观曼努埃尔的寝宫。三年前的1929年，佛朗哥已死于葡萄牙。

失去一个帝国，再建立一个帝国

巴西独立后，葡萄牙失去了一个帝国，再也没能在巴西有任何作为。与此同时，虽然葡萄牙无法与英国、法国、荷兰、德国帝国主义扩张的规模相提并论，但确实实现了某种程度的扩张。19世纪90年代，西班牙加强对安哥拉与莫桑比克的控制。在某种程度上，这是因为葡萄牙没有遇到1896年埃塞俄比亚在阿杜瓦给意大利带来的那种灾难；这些胜利留下的纪念品保存在军事博物馆内，例如布拉干萨和里斯本的军事博物馆。葡萄牙人赢得当地人的支持，这对他们的成功至关重要。1895年，葡萄牙步兵方阵在打败莫桑比克的加扎王国时，用克罗巴查克连发步枪击败加扎军队的猛攻。葡萄牙人也得益于加扎臣民反对国王的叛乱。在赞比西河谷，葡萄牙人接管了战败军阀的军事要塞。在一些情况下，葡萄牙人还派卫戍部队驻扎在那里。筑防的要塞有时被称作"驻防地"，它是早期政府的中心。在大多数情况下，驻守在那里的士兵是"西帕斯"，即效忠葡萄牙的非洲士兵。殖民地新建的葡萄牙堡垒呈方形，筑有四角望楼，有时还有加固的堡垒供架设大炮使用。

虽然列强在1885年柏林会议上将刚果自由邦的边界延伸到海岸线，以确保安哥拉与卡宾达不接壤，但同年葡萄牙在刚果河以北建立受保护国卡宾达。1901年，葡萄牙在那里的地位得到巩固。葡属几内亚也向内陆地区扩张领地。但是，与英国殖民地冈比亚一样，由于法国在那个地区有规模更大、包罗万象的领土扩张，葡萄牙的扩张只是小规模的。在莫桑比克，洛伦索－马贵斯以南的扩张也是这样。1875年和1891年，葡萄牙的扩张连续小有收获。但是，英国自纳塔尔省向北至祖鲁兰的大范围扩张，多次妨碍了葡萄牙的扩张机会。

成立于1875年的里斯本地理学会认为，葡萄牙在非洲的领土扩张，尤其是通过建立介于中间的殖民地，以连接安哥拉、莫桑比克的"彼岸"计划，是恢复葡萄牙国力、完成帝国使命、取代巴西的一种方式。这与英国在1783年失去北美"十三殖民地"后不久，就改为在印度大肆开疆拓土类似。在19世纪大部分时期，葡萄牙在非洲横穿大陆的进军似乎切实可行。1880年，安哥拉与莫桑比克之间的土地是当地人的领土，尤其是隆达人的科洛洛帝国与马塔贝列帝国。19世纪80年代，情况依然如此。当时，在东非（今坦桑尼亚）与西南非（今纳米比亚）出现了德国殖民地。但是，1886年获得认可（有利于德国）的两国边境线，与1885年《柏林法令》建立的、由比利时国王利奥波德二世管理的刚果自由邦自由贸易区，仍给横跨非洲大陆的葡萄牙帝国留下足够余地。

但是，柏林会议也强调，树立权威是促进领土所有权主张实现的必要基础。这项规定解释了葡萄牙自1884年起的活动，包括同年建立贝拉市，以及1889年宣称对现代津巴布韦与马拉维的所有权。英国向北的领土扩张让葡萄牙的希望落空。英国势力扩展到后来的南罗得西亚（津巴布韦）、北罗得西亚（赞比亚）与尼亚萨兰（马拉维）。在英国，赞成英国传教团在希雷高原传教的人发挥了关键作用，就像塞西尔·罗兹英国南非公司的支持者们的作用一样。1890年，英国发出关于自莫桑比克而非安哥拉的领地扩张的最后通牒。英国要求葡萄牙撤回1888—1889年自莫桑比克派出的军队。这份最后通牒带来了1891年、1899年两份协议。两份协议固定了葡萄牙的殖民边界，迫使葡萄牙放弃自己基于历史发现、近期探索获得的领土主张——那些在《1866年玫瑰色地图》（据说是1866年葡萄牙和德国秘密签署的吞并协议）中所展示的领土。结果，安哥拉与莫桑比克之间的土地就可供英国领土扩张之用。葡萄牙不得不认可英国对后来成为罗得西亚的地区的统治，也不得不认可英国对受保护国博茨瓦纳的控制权。1905年，安哥拉与北罗得西亚之间的边界确定。布尔人建立的奥兰治自由邦与德兰士瓦共和国日益明显地处于英国的利益范围内。1899—1902年，布尔战争确立英国对两国的统治。

英国的最后通牒被葡萄牙视为国耻。但是，卡洛斯一世迫于压力还是选择了接受，这使政府与国王均失去民心。事实上，1890年波尔图反英叛乱由此爆发。人们猛攻波尔图的英国领事住宅。1891年，共和党人企图在波尔图发动政变。1890年，由于条约草案中的条款，葡萄牙首相垮台。卡洛斯依旧与英国关系紧密，他在1895年、1901年、1902年与1904年四度访英。1891年，他荣获英国颁发的嘉德勋章。但是，1890年英国的最后通牒引发葡萄牙漫长的动荡不安，尤其是一系列惊人的政治分裂。葡萄牙加快推进宣布国家破产的打算。

1890年，葡萄牙面临逾1.4亿英镑的外国贷款、严重的国际收支差额与下降的黄金储备。1892年，葡萄牙宣布部分拒绝清偿外国贷款。在这种情况下，葡萄牙无力抵抗国家破产。事实上，1898年，葡萄牙金融危机导致英国与德国秘密签署分配协议。英德计划，在葡萄牙打算出售安哥拉与莫桑比克时，分配两国。这桩买卖没有出现，但是1902年爆发了另一场财政危机。

单独地看，1904年，葡萄牙同意与荷兰一道瓜分帝汶岛。随后，1912年，葡萄牙镇压反叛的帝汶贵族。虽然荷兰人迅速接管了后来成为印度尼西亚的地方，但葡萄牙在该地区除了向后来的东帝汶进行扩张外，别无建树。

19世纪的变化

19世纪在葡萄牙本土留下了难以磨灭的印记与象征。具体地说，波尔图有一系列横跨杜罗河的桥梁，其中第一座是建于1806年的浮桥。1809年，大批难民逃离法军过桥时导致浮桥坍塌。自19世纪40年代起，许多波尔图的桥梁保存下来。最惊人的要数1877年修建的玛丽亚·皮亚桥了。当时，这座锻铁结构的桥梁是世界上单拱跨距最长的。英国商人的资助与居斯塔夫·艾菲尔的设计是其两个亮点。虽然此桥如今已不再使用，但它的壮观依然令人称奇。随后建造的双层式路易斯一世桥由西奥菲尔·塞里格设计。1886年，当路易斯一世桥落成时，它是世界上同类桥中最长的。如今，地铁电车依然穿桥而过。桥梁与其他工程都是现代性的惊人标志，例如里斯本格洛里亚（1885年）与圣茹什塔（1902年）的电梯。

自由党政治议题在许多方面获得支持，这也是现代性的一种表现。1842年，一项英国和葡萄牙协议废止了奴隶贸易。但是，事实表明，国家难以杜绝给巴西提供主要奴隶来源的贸易，尤其是因为安哥拉的葡萄牙官员与奴隶贩暗中勾结。1861年，查尔斯·巴克斯顿议员向英国首相帕默斯顿子爵发牢骚，宣称，如今"除葡萄牙的非洲殖民地外，其他地方几乎没有任何奴隶贸易"。巴克斯顿提议向葡萄牙派驻两三名英国领事，协助监督葡萄牙官员。这种侵犯国家主权的行为是其他列强所无法接受的。1861年，葡萄牙进一步采取行动，废除奴隶制。

但是，葡萄牙的领土上依然存在多种形式的奴役。葡萄牙殖民政府想把安哥拉变成"小巴西"，生产供出口用的食糖、咖啡。为此，殖民政府非法允许秘密奴役活动，但这项政策最终失败。葡萄牙人也想用契约奴仆在圣多美种植可可树。

1834年，葡萄牙修道院是土地国有化的另一个现代性的重要标志。这项措施是由司法部部长、自由党人若阿金·安东尼奥·德·阿吉亚尔通过的。他继续在1841—1842年、1860年与1865—1868年担任首相。由于阿吉亚尔针对修道院的行动，他得到"修士杀手"的恶名。就像16世纪的英国一样，修道院建筑物及庄园成为其他人的收入来源。地主、投机商购买大部分土地。大量城市地产被国家、议会、军队、警察与其他政府机构征用。例如，之前用作修女院的圣本托宫成为议会大厦，科英布拉圣克拉拉修女院后为军队使用。这项反教权的措施将矛头指向与米格尔有关的人，却没有引发社会变革。数百年间一直活跃着的宗教团体所经历的这种变化，在全国各地人们日常生活的方方面面中都显露出来。当地社会福利模式受到极大影响。这项措施没有为政府与政治体制赢得大众的普遍支持。

1867年，葡萄牙废除了除军事犯罪之外所有犯罪的死刑（1911年完全废除死刑）。虽然委内瑞拉在1863年就已经这么做了，但葡萄牙此举仍远远超前于大多数国家。文豪维克多·雨果称赞它是很有人道主义精神的一个国家。1846年，葡萄牙最后一次处决犯人。随后，葡萄牙在1916年恢复军事犯罪的死刑。相应地，1917年一人被处决（战时在法国）。1976年，葡萄牙再度废除军事犯罪中的死刑。

另一种巨大的变化是，自1856年起葡萄牙铁路系统的发展。是年，葡萄牙第一条铁路线（里斯本—卡雷加林）开通。虽然葡萄牙铁路网的发展速度没有法国、英国那么快，但这张网络也扩展开来。里斯本通过葡萄牙铁路枢纽恩特龙卡门图与欧洲铁路系统相连，通过巴达霍斯与西班牙相通。1875—1887年，葡萄牙修建完一条沿杜罗河的铁路线。

同样，在1887年，南部快车首次从巴黎经马德里抵达里斯本。1888年，这趟列车一周两次从伦敦发车，1907年改为每日一班。

随着火车站的修建与铁路线的贯通，城市面貌发生巨变。火车站是当时的重大工程。完工于1887年的里斯本罗西奥火车站采用了新曼努埃尔风格，还有摩尔式马蹄拱。在最初的波尔图火车站之后，1903—1916年，葡萄牙人在一座修道院原址、更靠近市中心的位置，建造了圣本托火车站。1930年，经过约2万块瓷砖的美化，那里增色不少。这些瓷砖画展示了交通运输发展史与历史上重要战争的场景，其中就包括1415航海家恩里克攻占休达的画面。如今，圣本托火车站也成为一处旅游景点。铁路系统的发展使煤炭需求增加，但是葡萄牙既不产煤也不造铁，这也加剧了它对英国的依赖。

查尔斯·迈耶令人印象深刻的《1844年里斯本地图》展示出受铁路影响前的整个城市。城市沿海岸与内地扩张，但依然集中在下城区与两边的山地。铁路带来一场巨变。城市发展规划利用国家整体的繁荣及人们促进城市发展的需要，也让社会发生了翻天覆地的变化。沿着19世纪80年代修建的自由大道中轴线，城市向北扩张。另外，城市发展又继续沿矗立着蓬巴尔雕像的环岛与爱德华七世公园进行。爱德华公园是为纪念爱德华七世对葡萄牙的国事访问而建的。诗人阿尔弗雷德·丁尼生男爵是众多到访里斯本的游客之一。他从里斯本出发，前往辛特拉。他说辛特拉"相当有伦敦佬气派"。当时有新贵之士聚居区，例如里斯本的拉帕堂区。

波尔图也有一些暴富之人。1842—1910年，波尔图证券交易所在圣弗朗西斯修道院旧址上落成，它是那个时期财富的象征。1895年，伊比利亚半岛上第一批电车在波尔图出现，这也是创新的标志。事实上，波尔图有轨电车博物馆，见证着19世纪交通运输其他方面的变革。葡萄牙经济发展所需的投资大多来自国外，尤其是英国，港口贸易、铁路、金属矿藏以及整个帝国的投资款项均如此。1870年，法尔茅斯－马耳他－直布罗陀电报公司（后称"英国大东电报局"）在卡卡维卢斯建起了第一座电报站。这是英国通过地中海与印度联通的庞大体系中的一环。正如在这种情形下一样，葡萄牙也在大英帝国发挥着重要作用。电报站的英国职员在一支板球队中担任守队，这也反映出英国在葡萄牙活动范围之广。1963年，电报站转卖他人。

人们可以在儒利奥·迪尼斯（1838—1871年）的作品中看到英国对葡萄牙产生影响的其他方面。儒利奥·迪尼斯是若阿金·吉列尔梅·戈梅斯·柯艾略的笔名。他是一位波尔图医生兼作家，他的母亲是英国人。迪尼斯最终死于肺结核，他生前发表的作品有《两姊妹的爱情》（1867年）与《英国人之家》（1868年）。这些通俗小说主要描绘了葡萄牙亲英派中产阶级的生活。

现实主义作家埃萨·德·凯罗斯

1903年，安东尼奥·特谢拉·洛佩斯在希亚多博物馆竖起一尊若泽·马利亚·德·埃萨·德·凯罗斯雕像。在雕像中，陪伴在凯罗斯旁边的是大多数作家梦寐以求却不可得的灵感女神。1845年，私生子凯罗斯出生于波瓦－迪尔瓦津。他在科英布拉大学深造，成为一名记者。后来，他又当上莱里亚市政府的行政官员，驻布里斯托尔市纽卡斯尔领事、驻巴黎领事。他将他的小说《阿马罗神父的罪恶》（1875年）的背景设定在莱里亚。小说涉及神父私通与杀婴等丑闻。拍摄于2005年的同名电影成为当时最卖座的葡语影片。另一部现实主义小说《马亚一家》（1888年）讲述虚构的马亚一家的故事。作者想借此探讨葡萄牙的衰落。

葡萄牙的农村小镇与城市截然不同，构成葡萄牙的另一幅独特场景。这些地区的经济几乎没有任何发展，极度贫困与无处不在的保守主义盛行。19世纪末的全球经济危机给葡萄牙带来格外严峻的挑战。新大陆的粮食、肉类让葡萄牙农业在竞争面前受到冲击。汽船快速将商品运往欧洲。外国竞争对手也影响了葡萄牙的工业、船运。税收收入与就业均受到重创。

人口压力也是个重要问题。由于半岛战争的巨大破坏力，1811年葡萄牙人口下降至290万。但是，后来世界人口显著增长，葡萄牙人口到1911年也稳步上升至600万。虽然疾病夺去许多人的生命，特别是城市拥挤、传染病暴发造成了大量死亡（尤其是霍乱，例如1833年大霍乱），但人口仍有增长。此外，人口外移抵消了部分人口增长的影响，尤其是在19世纪下半叶。当时，葡萄牙人大规模向巴西移民。与英国、美国在19世纪的情况一样，侨民主要目的地已不再是殖民地。事实表明，当时政府很难劝说人们移民去热带地区。

人口增长给生活标准带来的压力陡增，这也导致葡萄牙国内人口大迁移，尤其是去往城市。结果，城市里变得更加拥挤。这是长期存在、不断加重的社会矛盾与政治激进主义发生的背景。同时，在世纪之交，85%左右的葡萄牙人依然生活在农村，57%的人从事农业活动，21.5%的人从事工业生产，还有21.5%的人从事服务业。

独立后的巴西

就像美国一独立，其影响就对英国历史造成冲击那样，巴西对葡萄牙社会依然举足轻重。在葡萄牙，巴西作为一种可供选择的政治模式显得尤为重要，它是葡萄牙人移居国外的目的地之一。对人们来说，巴西比葡萄牙的非洲殖民地更有吸引力，是葡萄牙与其非洲殖民地之间的重要经济纽带，尤其是与安哥拉。巴西对葡萄牙本土经济也很关键。

不同于西属美洲，葡属美洲诸国紧密团结在一起。这也在很大程度上限制了葡萄牙政治继续在那里发挥影响力的可能。事实上，不同于19世纪60年代的西班牙，葡萄牙无意武装干涉属于前帝国的国家。巴西曾多次出现严重叛乱：1832—1835年，"卡巴诺斯"在伯南布哥反叛；1835—1836年，他们又在帕拉起事；1837—1838年，"萨比纳达"在巴伊亚州造反；1839—1840年，"巴莱达"在马拉尼昂发动武装反抗；1835—1845年，"法拉波斯"在南里奥格兰德州、卡塔林娜州起义。由于民众反对精英阶层（特别是大地主）对社会、经济的控制，社会矛盾在这些叛乱中推波助澜。作战区域过大、交通不便、士兵训练不足、缺饷少粮导致士兵开小差，这些都影响着政府军的运作。冲突引发的混乱使葡萄牙社会局势进一步恶化。政治问题让政府内部人人彼此猜疑、四分五裂。

所有叛乱均以失败收场。在某种程度上，这是因为起义者各自为战、缺乏合作。不过，其他因素也起了作用。就"卡巴诺斯"叛乱而言，游击战给政府军带来严峻挑战。直到1834年年末，政府军才开始采取更积极的措施，尤其是掌握主动权，摧毁卡巴诺林区的庄稼，并绞死那些被怀疑是"卡巴诺斯"的人；疑似同情起义的人也被除掉。被孤立的"卡巴诺斯"面临着日益严重的粮食短缺。尤其是在教会的趁机拉拢下，逃兵越来越多。

巴西也是一股重要的地区政治势力，这是葡萄牙鞭长莫及的。1825—1830年，巴西与阿根廷就乌拉圭的控制权展开争夺。此前，巴西在1816年吞并乌拉圭。1825年，乌拉圭爱国人士胡安·拉瓦列哈起义，获得支持。他在林孔德拉斯加利纳斯与萨兰迪两度击败巴西人。因为阿根廷接受了拉瓦列哈结盟的提议，这演变为一场全面战争。1829年，巴西南部遭到侵略，更加强大的巴西海军封锁布宜诺斯艾利斯。双方都无法取得决定性优势，但巴西人在战争中始终都能坚守在乌拉圭的主要阵地，和约确保乌拉圭作为中间国的独立地位。

在1864—1870年三国同盟战争中，巴西军事干预导致乌拉圭自由党人在1864年掌权。这遭到自私自利的巴拉圭总统弗朗西斯科·洛佩斯元帅的反对，他不赞成巴西扩张。1865年，洛佩斯入侵巴西。巴西在对抗巴拉圭的三国同盟中承担了大部分责任。巴西还在1870年洛佩斯死后派兵占领了巴拉圭。

与此同时，巴西迫于英国压力在1850年结束了奴隶进口。在日益发展壮大的城市中，越来越多的人认为奴隶制是引发社会动乱的原因，是国耻与相对落后的根源。1861年，葡萄牙帝国宣布废除奴隶制。新大陆殖民者的社会在文化上依附于欧洲大陆。作为这个过程的一部分，巴西精英阶层需要欧洲认同自己的进步。此外，奴隶贸易的结束与巴西经济的发展，意味着奴隶制已无法再满足巴西对劳动力的需求，传统的巴西奴隶经济也无法填补日益扩大的工匠缺口。

由于自由劳动力日益重要，奴隶主渐渐被孤立起来。1884年，两省宣布解放奴隶，同时，逃亡的奴隶数量剧增。截至1887年，巴西人口中仅有5%仍是奴隶。大部分平民与包括军队在内的大多数当权派，都对逃跑的奴隶提供大量帮助，因为他们不愿支持奴隶主。这与美国南部早期情况形成鲜明对比。在美国南部，人们强调白人的主人地位；而在巴西，人们关注的是多元文化社会。1888年，议会以绝大多数票通过"黄金法"，解放了剩余奴隶，而不给奴隶主任何赔偿。这对东北部的食糖经济造成冲击。这是造成整个巴西农业萧条，进而影响巴西旧秩序、削弱帝国君主制的重要因素。作为对过往历史的否定，巴西在1889年独立建国成为共和国。21年后，葡萄牙也最终走向共和。

第十一章

萨拉查的独裁

1914年，"一战"在欧洲爆发。

此事对葡萄牙政治危机而言无异于火上浇油。

不安的共和国

1910年葡萄牙共和革命后，社会日益动荡不安，政府更迭频繁，从国家到地名的象征含义都发生变化。因此，1910年，里斯本的"特里那斯街"被更名为萨拉·德·马托斯街。据说，萨拉·德·马托斯遭修女谋杀，人们为了纪念这位"烈士"，在普拉泽雷斯墓地为他竖起一座巨大的纪念碑。全国上下的主要市镇广场都改名为"共和广场"。1911年，葡萄牙以象征共和党的红绿两色新国旗取代象征王权的装饰蓝白两色矩形旧国旗。在新国旗上，国家纹章在红绿两色分界线上。

在共和时期，政教正式分离。所有宗教团体均被取缔，教会财产被没收，教育走向世俗化。与此同时，人们采取措施反对流行的宗教节日。离婚被合法化。虽然1913年寡妇不再具有一家之主的权利，但是1911年议会投票通过了由寡妇管理家务的提案。直到1976年宪法的出台，妇女才享有平等投票权。宫殿变成国家遗址，里斯本皇宫被改造成政府办公楼。1908年，谋杀国王与王储的凶手恢复正常生活。

政局极其动荡不安。葡萄牙面临君主主义压力，尤其是1911年10月、1912年7月，沙维什附近的西班牙君主主义者发动突袭。但是，共和军很快就打退了进攻。同时，1919年1月，波尔图宣布建立"北部君主国"，这也给葡萄牙造成压力。波尔图君主制复辟得到曼努埃尔二世的支持，但也很快遭到镇压。

更严重的是，由于政府内部的许多变化，共和运动开始四分五裂。1915年1月，若阿金·皮门塔·德·卡斯特罗将军为绕过由共和党人把持的议会，组建了保守党政府。1915年5月，由于军队对共和党人的支持，这届政府被推翻。

第一次世界大战

1914年，"一战"在欧洲爆发。此事对葡萄牙政治危机来说无异于火上浇油。是年，与欧洲大多数国家一样，葡萄牙选择保持中立，而邻居西班牙向来如此。但同时，葡萄牙也不得不做好战争准备。1909年，葡萄牙成立第一个民用航空协会。只有共和政权考虑将飞机加入军事武装力量。1914年，葡萄牙政府在讨论是否参战的同时，组建了所谓的"军事航空部"，并从法国为葡萄牙军队购置了第一架军用飞机。

长期以来，葡萄牙一直保持中立。但是，英国、德国的经济战对葡萄牙贸易造成冲击。最后，迫于英国加紧对德封锁的压力，葡萄牙在1916年3月参战，加入协约国一方。工会猛烈抨击这个不受欢迎且代价高昂的决定。前一个月，葡萄牙已应英国要求，在里斯本扣押德国和奥地利船只。3月9日，德国对葡萄牙宣战。葡萄牙政府认为，战争是为国家赢得未来的关键。

1917年4月，被派往西线的军队抵达指定地点。在德国春季攻势中，葡萄牙军队在1918年4月9日的利斯战役中伤亡惨重。面对敌人的进攻，葡萄牙第2师坚守的阵地首当其冲。第2师指挥不力，军心不稳。在损失了7400名士兵、大部分被俘的情况下，阵地失守。自1914年起，葡军已与德军在非洲交锋。

战争也给军队带来新气象。1917年，葡萄牙远征军被派往法国北部地区。远征军筹建的空战部队并未开往前线。相反，葡萄牙将具有飞行特长的军官派驻到英国、法国军队。因此，这些人就成为葡萄牙首批战斗机飞行员。同样，在1917年，葡萄牙海军创办了空军学校。与此同时，1917—1918年，葡萄牙在莫桑比克开展抵御敌军从邻国德属东非进犯的空军军事行动。

葡萄牙动员由 105500 人组成的军队，其中 55000 人被派往西线，其余人前往非洲。战争共造成 7760 名士兵死亡，16600 人受伤，13600 人在战斗中失踪或被俘，还有 96 艘船被击沉。

1917—1925 年的骚乱

1917 年 12 月，由西多尼奥·派斯率领的革命委员会推翻了阿丰索·科斯塔领导的反教权主义政府。科斯塔曾先后三次担任葡萄牙总理，派斯则是著名共和党人和反战人士。虽然这场政变基本上只靠 250 人起事，但派斯受益于民众对战时物资短缺的愤怒。革命委员会的支持者们将其称为"新共和国"。英国军事代表团团长、陆军少将纳撒尼尔·巴纳迪斯顿看出了里斯本冲突的本质："舰队开动了……野战炮虽有回击，但几乎都没打中。我只看到一枚炮弹飞了过去，没有一个明显靠近……因为暴徒在抢劫商店，所以枪声整夜响个不停。"最后，葡萄牙总理被监禁，总统遭罢免。

科斯塔被迫流亡巴黎。在新独裁政府中，派斯集总统、总理、战争部部长与外交部部长数职于一身。葡萄牙继续参战，暴力镇压国内密谋、叛乱。1918 年 10 月，葡萄牙进入国家紧急状态。当年 12 月，一名左翼分子在里斯本最大的火车站刺杀了派斯。自由党共和国重新上台，并根据战后签署的《凡尔赛条约》获得东非基翁加三角（1916 年，葡萄牙占领了该地区），从而夺回了德国此前在 1894 年侵占的葡萄牙领土。

葡萄牙文化与社会中出现了某种程度的现代主义。例如，电影院、航空学与新闻报道的传播。同时，葡萄牙政局与包括西班牙在内的欧洲大部分地区一样，依然动荡不安。事实上，人们普遍感觉民主运动失败了，葡萄牙已变得腐朽不堪，而现代主义正是对这种认知做出的反应。这是传统主义最终取胜的文化战争中的一个方面。

与此同时，激进主义、独裁主义与各种共和的延续体均处于动荡不安、充满破坏的紧张局势之中。现在体制面临巨大压力，罢工频繁发生。由于反教权主义与经济动荡，共和政府不得人心。政府内出现许多变化，有些是由武力造成的。在"血腥之夜"时期，1921年10月19日，总理安东尼奥·格兰若与另外两名重要的共和党温和派政客遇刺。"血腥之夜"是由初级军官发动的一场激进主义叛乱。

最终，1926年，军事政变推翻贝尔纳迪诺·马沙多总统的统治。保守主义秩序由此诞生。此外，5月28日政变宣告着葡萄牙第一共和国终结。军队中的大多数人并没有原谅共和国将他们送上第一次世界大战战场的行为。1925年两次失败的政变并未结束针对共和国的军事煽动。当共和党在1925年11月8日的选举中胜出后，安东尼奥·达席尔瓦就领导起反共和国运动。

1926年，密谋者们从曼努埃尔·戈梅斯·达科斯塔将军的支持中受益。达科斯塔将军曾指挥过1918年西线的战斗。他领导布拉加革命，革命从那里迅速在1926年5月29日蔓延至波尔图、里斯本与其他大城市。当天，政府解散，里斯本政变领导人、民主主义支持者若泽·门德斯·卡贝萨达斯成为总理。不久后，经济学家安东尼奥·德·奥利维拉·萨拉查升任财政部部长。

萨拉查的上台

　　萨拉查是一名虔诚的天主教徒，1889年，他出生在维米埃鲁的一个小地主世家。萨拉查在神学院接受了8年教育后，决定不去做神父。他转而在科英布拉大学主修法律，对金融、经济政策特别感兴趣。萨拉查成为科英布拉大学教师后，对第一共和国治下的政治、社会动荡感到震惊。同时，第一共和国的反教权主义也让他觉得毛骨悚然。1933年，萨拉查反思之前的政权状况时说："我们的革命、明显缺乏的自我管理能力、政府的腐败以及普遍的落后都让我们的祖国名誉扫地。"

　　1926年6月，在另一场政变后，戈梅斯·达科斯塔掌权。结果，一个月后，更加保守的人士发动政变，迫使他开始流亡生涯。另一位将军安东尼奥·奥斯卡·德弗拉格索·卡莫纳继而掌权。他在当年9月经受住两场政变。从1926年11月起直到1951年4月去世，卡莫纳一直担任葡萄牙总统。1928年，卡莫纳重新任命萨拉查为财政部部长；1932年，他提名萨拉查为总理。新政府受到巨额国债的压力，面临着破产窘境，这使萨拉查大有施展余地。作为一个"货币主义者"，萨拉查为实现财政收支平衡，开始实行经济紧缩政策。卡莫纳变成傀儡，萨拉查一直担任葡萄牙总理，直到1968年。在1933年新宪法规定下，葡萄牙第二共和国，即"新国家"正式成立，萨拉查成为关键人物。

　　基于1891年和1931年教皇通谕，这届社团主义、专制独裁的葡萄牙政府誓要实现民族复兴。萨拉查反对政党政治。作为平民政权而非军国主义政权，"新国家"利用军队（例如，在1934年派遣军队镇压罢工），但更多地依靠"国家安全警备总署"。这支成立于1933年的秘密警察部队，镇压能力极强，他们毫无顾忌地使用暴力手段。城镇完全处于军队与警察的控制下。就像波尔图法院一样，新法西斯主义建筑风格往往是权力的象征。"新国家"权力机构还包括穿制服的准军事组织（葡萄牙军团）与青年运动。

审查制度也发挥着重要作用，它具有政治与意识形态的双重属性。更普遍地说，审查制度反对现代主义。政权明确表明仇视无神论、无政府主义、民主与自由主义的立场。自1929年起，新政权就不断地进攻与共和党关系密切且反对教权主义的共济会。1935年，政府宣布加入共济会是违法行为。这项法案在1974年以前一直都具有法律效力。

"新国家"与天主教会联系紧密。它在1940年与梵蒂冈缔结的政教协约废除了第一共和国的许多反教权主义政策。教会接管公立学校的宗教教导。教堂的修建也标志着新关系的出现。受巴黎圣心教堂启发，1904年开始建造的维亚纳耶稣圣心堂因共和国试图实现政教分离，在1910年中断工程。1926年，耶稣圣心堂施工继续，1959年竣工。1928—1953年建造的大教堂展现出葡萄牙人对天主教的虔诚信仰。这座教堂是为前往法蒂玛朝圣的大规模信徒而建。1949—1959年，建在里斯本对面阿尔马达市高地上的基督像是仿照里约热内卢的基督像而造的。但是，后者要比阿尔马达的复本大得多。

教会处于曼努埃尔·贡萨尔韦斯·塞雷热拉红衣主教的领导下。他在1929—1971年担任里斯本主教，还与萨拉查私交甚好。相反，波尔图主教安东尼奥·费雷拉·戈梅斯事实上在1959—1969年被流放了10年。因为他曾在1958年私下给萨拉查写信，批评政府政策。他说，政府这么做导致了贫困与社会不公。萨拉查不喜欢听到批评。

萨拉查没空去搞法西斯主义那一套，因为他觉得法西斯主义是反对教权的。他的独裁统治是基于本国传统，而非现代的法西斯主义。此外，萨拉查得到流亡国外的曼努埃尔二世的支持。因此，君主主义者也是站在他这边的。萨拉查试图寻求他眼中温和派的支持。在1910—1926年动乱后，人们普遍对现在社会的稳定局面感到欣慰，萨拉查从人们的这种情绪中受益。同样对他有帮助的是，天主教社团主义能为他赢得大量支持。社会凝聚力被描绘成阶级分化与政治地方主义的替代品。

这根本就不是什么民主体制。作为新立法机关的国民议会，其成员只能出自萨拉查运动团体国民联盟。平行机关社团议院有包括官方工人联合组织成员在内的正式代表。政府用官方工人联合组织取代了不受政府控制的工会，工会与政党一样均为法律所全面禁止。葡萄牙劳动法是基于法西斯主义的意大利劳动法而修订的。宪法赋予总统相当大的权力，但卡莫纳让萨拉查主事。20世纪40年代末，卡莫纳对萨拉查感到不满，密谋反对他。

在1933年的全民公投中，包括大量弃权票在内，有99.52%的选民投票通过新宪法。次年，萨拉查因强调自己反对法西斯主义的立场，清洗国家工团主义者（蓝衫党）领导层。此举预示着匈牙利、罗马尼亚右翼政权与法西斯主义者之间的矛盾。萨拉查遭到普遍的反对，其中包括1935年君主主义者反叛，1936年9月里斯本两艘战舰士兵起义。反叛遭到镇压，那些被定罪的人被送到佛得角群岛上新建成的塔拉法尔战俘营。里斯本及其周边地区，以及圣多美岛上均设有监狱，政治犯都被关押在这些地方。政变失败后，政府强迫所有公务员宣誓效忠。1937年，萨拉查在去做弥撒的路上遭遇一名无政府工团主义者的刺杀，却大难不死。次年，萨拉查订购了一辆奔驰牌防弹汽车。这台防弹车保存至今，藏于卡拉穆卢汽车博物馆内。萨拉查政权是共和国外衣掩盖下的独裁统治。

萨拉查在西班牙内战中支持独裁者弗朗西斯科·佛朗哥。他为西班牙国民军提供重要物资来源，还组织了一支名为"维里亚托斯"的志愿军。虽然传闻中志愿军人数有所出入，但大约是4000~5000人。不过，萨拉查没有公开参与意大利和德国的纳粹行径，更别提大规模支持了。1938年，葡萄牙承认佛朗哥政府。当时，佛朗哥显然在战场上占据上风。1939年3月，佛朗哥取胜。葡萄牙与西班牙签署了《伊比利亚协定》。这项不侵犯及互相保护条约规定，任何一方遇到进攻时，另一方应提供保护。1940年7月，法国战役后协定内容扩大。鉴于佛朗哥对希特勒的支持，这项协定是葡萄牙寻求保护而建立的同盟，根本不是完全中立之举。与此同时，西班牙的命运对葡萄牙来说一点儿也不令人振奋。德国自西班牙内战之初就站在佛朗哥一边，德国介入既是为实现其意识形态与地缘政治目标，也是一种经济策略。希特勒试图在欧洲建立由德国主导、不受英美影响的欧洲经济新秩序，由柏林决定中央规划的合理化、专门化目标与条款。截至1939年年初，西班牙3/4的出口商品流入了纳粹德国。因此，西班牙货币被纳入非正式的第三帝国金融势力范围。西班牙被选中支援德国的行业是铁矿、黄铁矿、铜、钨（钨矿）与食品。

第二次世界大战

在第二次世界大战期间，虽然日本在1942年占领了葡萄牙殖民地东帝汶，但葡萄牙依然选择保持中立。这种做法与萨拉查对"一战"的态度一致，即参与战争会给国家造成破坏。事实上，葡萄牙分别与交战双方做生意，两边获利。葡萄牙一面把钨卖给双方，一面抵制同盟国不让它把钨卖给德国的压力。钨是用来生产特别是用于坦克的加固钢的原材料。萨拉查既不想得罪当时节节胜利的德国，也不想留下口实让西班牙借机入侵（佛朗哥肯定考虑过）。葡萄牙是欧洲最大的钨矿产地，钨矿产业是葡萄牙重要的就业、税收来源。但是，同盟国军队结束了葡萄牙扮演的类似于在第一次世界大战中的角色，挫败了萨拉查取悦德国人的企图。希特勒死后，葡萄牙与爱尔兰均降半旗致哀。1943年，盟军威胁葡萄牙人接受"顾问"。事实上，这些顾问开始正式托管葡萄牙。1945年，美国飞机轰炸中国澳门。

在历史上葡萄牙的中立地位使它成为从犹太人到国王的人们躲避战争审判、政治迫害的避难所。埃什托里尔的绰号是"国王海岸"。在那里皇宫酒店的走廊上，陈列着暂留于此的王室成员照片。许多人在战争期间来到此地。这家酒店也是间谍出没之地。德国人能在此窃听英国大东电报局的电报，其他间谍在葡萄牙殖民地以外的地区活动。就像贝尔纳迪诺·马沙多1940年从法国返回葡萄牙后被囚禁在自己的庄园一样，一些之前为逃离萨拉查统治而流亡国外的人如今为躲避德国势力返回葡萄牙，结果被监禁。

20世纪40年代初，与对佛朗哥统治下的西班牙相比，好莱坞电影将美化后的葡萄牙与萨拉查政权呈现在观众面前。美国战时情报局竟然鼓励好莱坞的这种行为。好莱坞电影浪漫地反映葡萄牙当地的生活，并不触及萨拉查政权的法西斯主义行径。1943年10月，大西洋海战的重要动态是葡萄牙允许英国在亚速尔群岛建立拉日什空军基地。随后，1944年11月，美国人建立圣马利亚基地。这对同盟国在大西洋中部填补打击德国潜艇的盟军的空中掩护"空隙"至关重要，尤其是填补德国人所谓的亚速尔群岛以西的"黑坑"。1944年6月，萨拉查最终屈服于同盟国的压力，停止向德国出口钨。当时，德国明显即将战败。

"二战"后的萨拉查体系

令那些想要改变的葡萄牙人大失所望的是，葡萄牙向同盟国提供亚速尔群岛军事基地的行为，让美国在战后对它青睐有加。美国偏爱葡萄牙的程度，远胜于同样中立的西班牙。事实上，1948年，葡萄牙成为欧洲经济合作组织的创始成员国。该组织在通过美国马歇尔计划向欧洲争取并分配求助的过程中扮演着重要角色。葡萄牙是唯一一个接受马歇尔计划援助的独裁国家。1950—1951年，它得到7000万美元的援助。1949年，葡萄牙成为北大西洋公约组织创始成员国。美国的影响为葡萄牙带来某种程度的现代化，包括1952年葡萄牙为创建空军将陆军与海军航空兵合并。1957年，英国女王伊丽莎白二世对葡萄牙进行正式的国事访问。此外，1960年，葡萄牙是欧洲自由贸易协会的创始成员国之一。1961年，它又成为经济发展与合作组织创始成员国之一。

在国内，1945年11月，萨拉查政权通过舞弊赢得选举，继续实行专制统治，国家姑且还算团结一致。也有人反对他的政权，但反对者在政治、社会，以及战术问题上意见不一。政权积极打压异己。1945年10月，自由主义运动团体"争取民主团结运动"创立；1948年，该组织被取缔。军队内部存在反对政权的势力。但是，1946年10月，事实表明梅阿利亚达叛乱并不是人们预料之中的大型武装起义。次年4月，由

194

左翼军官发动的另一场叛乱也以失败收场。

虽然佛朗哥反对葡萄牙撇开西班牙自行加入北约，但双方仍然保持着密切联系。如今，人们可以在蒙桑附近19世纪新古典主义风格的布雷乔伊拉宫内参观当年佛朗哥与萨拉查会面的餐厅。

1965年，秘密警察在萨拉查授意下刺杀温贝托·德尔加多。如果1958年的总统选举是在公平公正的情况下举行的话，德尔加多本会赢得大选。这位空军将军曾许下承诺，一旦当选，他会将萨拉查当场免职。他的竞选与里斯本、波尔图大规模支持改革的游行示威活动有关。但是，萨拉查的忠实支持者阿梅里科·托马斯元帅最终赢得这场被操纵选举的胜利。选举过后，德尔加多被逐出军队，先后流亡巴西和阿尔及利亚，他成立了葡萄牙民族解放阵线。1962年，他在贝雅军营领军哗变，结果失败。在西班牙秘密警察的协助下，德尔加多被诱至奥利文萨附近的葡萄牙地界。据说，他是为了会见反对派成员，结果却在那里遇害。与此同时，虽然阿尔瓦罗·库尼亚尔在1960年成功逃离佩尼谢，但还有许多政治犯依旧被羁押。

1958年选举导致政府修订宪法，将选举总统的方式从全民投票决定改为由国民议会选定。全民投票带来的不确定性威胁随即被消除，国民议会听凭萨拉查差遣。1962年，政府派警察镇压里斯本大学学生的示威游行，因为他们抗议政府关闭反政府学生组织。1968年，人们再度要求变革。

20世纪初葡萄牙农业落后，国家依然贫困。葡萄牙第一座电站依靠1946年在泽泽雷河上建起来的卡斯特洛博大坝发电。多亏水力发电，葡萄牙才有了电，但煤、铁与油的生产是无直接价值的。葡萄牙缺少投资，这在很大程度上是因为贸易保护主义社团主义的经济属性，以及萨拉查明显谨慎的财政政策。这使葡萄牙缺乏国内投资基础，外国投资与竞争又受到限制。尤其是，在欧洲大部分地区如此重要的大规模美国投资与新生产技术在葡萄牙是不存在的。

20世纪60年代，葡萄牙与西班牙一样经历了旅游业的大发展。1965年，法鲁机场一经启用就立刻大获成功。加之喷气式飞机的普及与北欧工人日益增加的收入，阿尔加维的阳光沙滩旅游业发展起来。

葡萄牙经济既无法给日益增长的人口提供就业机会，也没能让他们中的大多数确实地富裕起来。人口继续移民巴西，向安哥拉移民也得到鼓励。此外，甚至有人移居委内瑞拉。同时，大规模人口移民法国、德国、瑞士、卢森堡与比利时和南非。政府并未试图阻止人口外流。许多移民法国的人是政治难民，很多葡萄牙人在巴黎定居，在那里当起保安。

与人口外流同时存在的是，虽然葡萄牙在20世纪四五十年代新建7000余所学校，但是其义务教育在欧洲是最差的，文盲率也比别处高。大多数葡萄牙人住房条件不好，还经常没有自来水和电。葡萄牙虽是独裁国家，但是在20世纪五六十年代，国家仍有某种程度的经济、社会发展。事实上，正是葡萄牙的经济发展让国家开始反对萨拉查及其继任者马塞洛·卡埃塔诺。

萨拉查的意识形态

日益巨大的殖民地独立压力，迫使葡萄牙直到1955年才加入联合国。面对这种压力，萨拉查支持帝国发展的意识形态。在1930年《殖民地法案》中，萨拉查将海外领地管理权集中起来，主张通过同化手段将殖民地人口引入葡萄牙。但是，事实上，大部分非洲人继续遵照自己的部落传统生活。殖民地人民的苦难辛酸之处，包括必须用葡萄牙货币纳税。这实际上迫使他们为赚钱去做苦力。对萨拉查而言，葡萄牙的角色与使命在很大程度上源于其殖民地。而且，他也赞同巴西作家吉尔贝托·弗雷雷提出的"葡萄牙热带主义"观点。

萨拉查主义的全球意识形态将葡萄牙殖民地置于其世界使命的框架之下，并导致这些殖民地在1951年被更名为"葡萄牙海外省份"。阿里斯蒂德斯·德·阿莫里姆·吉罗（1895—1960年）在《葡萄牙地图集》（第2版）中对此进行了说明。吉罗是萨拉查母校科英布拉大学的地理学教授。1959年，科英布拉大学出版《葡萄牙地图集》，《葡萄牙地图集》中有一节序言专门探讨了葡萄牙是如何"诞生"并"在全世界发展壮大"的。这是该书1941年初版中没有的内容。英葡双语对照的第2版的前言阐述了葡萄牙的殖民化理论：

> 《葡萄牙地图集》（第2版）虽然仍向作者的同胞们直陈胸臆，但是它有个特殊目的：让外国人更好地理解一个在许多人看来依然只是西班牙省份的国家……人们对葡萄牙的地理认识，也存在不少谬误。关于葡萄牙本土与海外地区地理方面的错误观点在外国书籍中屡见不鲜。因为，许多人仍然受到错误殖民主义观念的影响。他们无法理解一个国家如何能在散落世界各地、没有连续陆上边界的情况下，仍成为一个完整的统一体。

葡萄牙被作者描绘成一个"拥有完成探索与教化之举世无双使命"

的国家。作者认为，地图绘制向人们展示了：

> 有机整体由……海外省份……与祖国一道组成……地图绘制将
> 一些鲜为人知的事实呈现在世人眼前。这也许能让人们理解，这些
> 不同地区如何最终组成一个由海事基地与其他成员共同构成的庞大
> 国家组织。整个国家在本质上遵从基督教与人道主义的统一观而
> 建。它在地缘政治上实现了基督教福音派的训令，将训令思想深植
> 四大洲。

"葡萄牙是如何诞生的？"这一节一共有9张地图，大多关于与摩尔人的战争。作者在结尾处写道："葡萄牙由此形成；它在全世界范围内传教的使命立即得到里斯本圣安东尼（1190—1231年）的回应……伴随着他的足迹，让他的声音几乎传遍全欧洲。"

"葡萄牙是如何在全球扩张的？"一节5幅地图进一步说明了葡萄牙历史使命。第4幅地图将里斯本描绘成新罗马，第5幅地图则展示了16世纪西班牙耶稣会传教士、远东第一传教士圣方济·沙勿略的行程，他是"葡萄牙传教与教化活动的典型代表"。这幅地图名为《果阿："东方的罗马"》。沙勿略主要活跃在葡萄牙帝国内，并以此为根据地。若昂三世在葡萄牙帝国支持耶稣会传教活动，大力推动耶稣会建立传教倡导者帝国的想法。地图集将葡萄牙帝国描绘成浑然天成，而非军事征服的产物。这种意识形态赋予葡萄牙明确的自我定位。在一幅1934年的地图中，葡萄牙本土及殖民地领土与欧洲重叠，向人们说明"葡萄牙并非弹丸小国"。

在萨拉查统治下，学校教育、人们赞美的葡萄牙历史主要集中在

中世纪与地理大发现时期，而不是现代。相反，现代葡萄牙历史有将人们的注意力引向国内分歧的危险。相应地，诸如波尔图大教堂附近的纪念碑此类的建筑物矗立起来。人们也设计、修复许多建筑。因此，作为庆祝1139年葡萄牙独立战争胜利800周年的一部分，葡萄牙修复了12世纪拉梅古城堡塔楼。20世纪30年代，人们大举修缮了建于1187年的布拉干萨城堡；20世纪40年代，基马拉斯城堡也得以修复。自1939年起，政府让阿莫洛城堡遗址焕然一新：增建开垛口后让它"更具中世纪气息"。城堡也成为葡萄牙共和国官邸。1940年，修复蒙桑图城堡的工程开工，持续两年，在1957—1958年继续施工。

还有一项特殊的遗产，是始建于1938年的科英布拉"小葡萄牙"公园。该主题公园的第1期在1940年向公众开放。这个公园向人们展示了葡萄牙不同地区（尤其是北部）典型建筑物的迷你复制品。第2期由纪念碑、遗产地组成；第3期在20世纪50年代末完工，包括葡萄牙海外帝国与巴西。此处每年仍吸引着约33万游客。

1940年是葡萄牙历史上值得纪念的一年，因为这是葡萄牙世界博览会召开的年份。这届世博会旨在纪念葡萄牙建国800周年、恢复独立300周年。葡萄牙世博会在贝伦市帝国广场上举行，参观者逾300万。卡莫纳为世博会揭幕，萨拉查也出席了揭幕仪式。这届世博会完全聚焦过去，帝国是个重要元素。所有殖民地的重要展品都出现在世博会上，巴西是唯一受邀参展的独立国家。当时它处在一位独裁者的"新国家"统治下。17世纪大型横帆船复制品与葡萄牙探险者纪念碑都是重要观光景点。不同于1960年为纪念航海家恩里克王子逝世500周年，在贝伦建造的混凝土结构的"航海纪念碑"，这座世博会探险者纪念碑是木质的。这座航海纪念碑如今看来依然令人心潮澎湃、鼓舞人心。恩里克雕塑居于纪念碑中最重要的位置。两年后，海事博物馆在热罗尼姆斯博物馆西翼开放。恩里克受国民推崇，1960 年在波尔图西部一座重要教堂外墙上装饰了纪念恩里克的瓷砖画。另一个呼应航海时代的标志是 20 世纪 40 年代，许多新建政府办公大楼房顶上都安装了浑天仪，这些传统风格的浑天仪遭到批评家诟病，说它们缺乏艺术创造力，是"头脑简单的葡萄牙"的产物。

1948 年，里斯本葡萄牙民俗艺术博物馆开放，这座博物馆内充满了萨拉查政权所推崇的田园生活与传统价值观，它向人们展示了当地服饰与其他传统工艺品。这与理想化的米尼奥地区的天主教权利相一致，而米尼奥地区是葡萄牙的发源地。

这种对民众观念的强调与萨拉查政权对公众的要求息息相关。与墨索里尼的意大利、希特勒的德国相比，萨拉查政权更希望本国民众顺从、驯服于传统。意大利与德国的群众集会完全是另一番景象。

帝国阴云

里斯本设计博物馆建在银行旧址的中央。此前，这家银行负责处理葡萄牙殖民地货币业务。在银行大厅，有一幅 1962 年的巨大彩色马赛克壁画。它描绘了葡萄牙自 15 世纪开始对非洲的殖民。马赛克画本身就是古罗马的装饰手法，古罗马在葡萄牙的装饰物中就有马赛克画。这幅画以温和的方式呈现殖民化过程。在画中，托钵修士正在教导一些土著人，其他土著人在种地，葡萄牙士兵没有任何暴力之举。种族和谐、进步与在葡萄牙领导下的基督教劝诱改宗是重要主题。美丽的马赛克壁画虽具有误导性，但它对葡萄牙来说倒也合乎情理。1962年，葡萄牙当时正经历安哥拉革命。

安哥拉（1961年）、几内亚比绍（1963年）与莫桑比克（1964年）各处的叛乱连成一片，给葡萄牙带来更加严重、持久的问题。葡萄牙人能继续掌握城镇控制权。例如，1961年，葡萄牙镇压安哥拉大城市罗安达叛乱。然而，葡萄牙人无法平息农村的反抗。此外，他们的反对者可以在周边国家开展运动。游击队员放弃对边境村庄的进攻，转而进行更大规模的游击战，旨在赢得更多支持，解放农村地区。

安哥拉的战火让葡萄牙人不得不将他们在果阿的兵力降至4000人。结果，1961年，71000名印度人没费什么力气，仅用一天就占领了那里。美国虽是葡萄牙的盟友，但却拒绝向后者伸出援手。印度的第乌、达曼也被攻克。同样在1961年，达荷美（今贝宁）迫使葡萄牙放弃圣约翰堡。圣约翰堡在18世纪时一直是葡属大西洋上忙碌的贸易口岸，自1865年起成为葡萄牙领地。在葡萄牙被迫放弃对圣约翰堡的所有权时，这个只有5英亩大的地方是当时公认的全世界最小的王国。直到1975年葡萄牙帝国实际解体时，葡萄牙才承认达荷美对圣约翰堡的吞并。

伟大的足球运动员尤西比奥

1961年，技术娴熟的前锋尤西比奥（1942—2014年）离开莫桑比克，加入葡萄牙顶级足球俱乐部本菲卡。同年晚些时候，这位混血儿在葡萄牙赛场上初次登台亮相。他上演帽子戏法，一举成名。次年5月，他又以两记进球助本菲卡击败皇家马德里，在欧

葡萄牙人大规模扩军，在非洲奋战。他们使用战术性空中支援、直
升机、凝固汽油弹与杀伤性除草剂。他们还从冷战时期的盟友与白人统
治的政府（尤其是南非）那里寻求支援。白人统治的中非联邦（如今的
赞比亚、津巴布韦与马拉维）当时是大英帝国的一部分。20世纪60年
代初，当比利时在1960年撤出刚果后，中非联邦积极支持白人在那里
的事业，结果导致国际政策与英国政策发生冲突，其中包括单独与葡
萄牙协商谈判。1965年，南罗得西亚单方面宣布脱离英国独立，此后，
它选择与葡萄牙联盟。两国在莫桑比克共有一道前线。事实上，1975
年葡萄牙人最终撤出莫桑比克时，南罗得西亚确实更易受到入侵。

早些时候，对手的内部分歧（尤其是安哥拉的安哥拉人民解放运动
与"争取安哥拉彻底独立全国联盟"之间的争夺）与南非白人统治下种
族隔离政府的支持，让葡萄牙人获益很多。此外，葡萄牙人能控制许多
重要的农村地区，尤其是安哥拉中部高地。直到1974年，在秘密警察、
准军事部队、殖民者义务治安员与非洲密探的协助下，由7万名士兵组
成的葡萄牙军队有效打击了那里的游击队。更普遍的情况是，他们保
护了殖民地的35万名白人殖民者。

当时，非洲独立革命进行得如火如荼，对葡萄牙来说问题更加棘
手。正如安哥拉北部的刚果人一样，反对葡萄牙统治的人回溯早期对帝
国主义统治的反抗。但是，反对派受到日益加深的政治化的影响，即
更加"现代的"政治意识形态，尤其是革命的社会主义思想。虽然直
到20世纪70年代初许多物资才运到，但是一些国家向他们提供了更先

202

进的武器。反步兵反车辆地雷限制了葡军的机动性，苏联"萨姆"防空导弹能击落葡军低空飞行的战斗机、直升机。自1973年起，葡萄牙对几内亚比绍的军事优势平衡做出调整；自1974年起，又对莫桑比克进行了同样的调整。

这些防空导弹让人觉得葡萄牙已失去战争主动权。尽管葡萄牙人在安哥拉相当成功，但是其他地方的败绩削弱了军中及葡萄牙国内对战争的支持。部队日益厌战，民众普遍反对征兵制，许多人为躲兵役逃往国外。这是在萨拉查统治下，人口持续外流的一部分。战备开支占到公共开支的近40%。全民参战百分比也远高于美国人参与越南战争的比例。20世纪60年代，葡萄牙从全球经济增长中获得的收益花在这场难打的战争上。

萨拉查的继任者

当葡萄牙在非洲战败之际，萨拉查已经去世。1961年，新上任的国防部长胡利奥·博特略·莫尼斯将军试图说服1958年当选的总统阿梅里科·托马斯将老迈的萨拉查免职。萨拉查侥幸躲过此劫，将军却反遭免职。这也表明军中存在分歧与不满。葡萄牙军队中的分歧、不满将比佛朗哥统治最后20年里西班牙军中的情况更加明显。

1968年8月，79岁的萨拉查在埃斯托利尔堡垒时，不慎从椅子上跌倒，结果突发脑出血。9月，马塞洛·卡埃塔诺代替了他的位置。虽然萨拉查直到1970年才咽气，但他清醒后，葡萄牙政府仍允许他相信自己还是总理。相应地，假内阁会议也如期召开。关于萨查拉一个更惊人的影响是《哈利·波特》小说中萨拉查·斯莱特林这个人物，它源于J. K.罗琳在波尔图时对葡萄牙生活的耳濡目染。

卡埃塔诺是一个保守主义政客，他长期在萨拉查手下任职，起先任青年团团长，后来被任命为殖民部部长、全国联盟执行委员会主席与内阁主席。后者在事实上是萨拉查的副手。掌权后的卡埃塔诺打算振兴经济。在所谓的"政治之春"中，他试图放松对国家的控制，例如放宽审查制度，允许独立工会的存在。这导致后来出现一些有些误导人的对比，即将他比作葡萄牙版戈尔巴乔夫。尽管政府在1969年的选举中获得全部席位，但反对派也获准参选。卡埃塔诺将一些职位授予所谓的"自由左翼"，即支持他的年轻技术官僚。

但是，卡埃塔诺没有贯彻他的改革政策。自1971年起，他失去"自由左翼"的支持；1973年，迫于托马斯总统与政权强硬派的压力，卡埃塔诺不得不放弃他的政策。

此外，卡埃塔诺无意改变反对殖民地独立运动的立场。被孤立的政府日益感到国内外的压力倍增。社会内部的变化渐渐侵蚀着当初萨拉查政权赖以为继的独裁主义与内部凝聚力。与此同时，除非洲外，国际社会没有对葡萄牙政府采取任何重大行动。葡萄牙的变革仅仅依靠国内变化，西班牙也是如此。

巴西与葡萄牙的共同点

同1910年后葡萄牙的情况一样，1889年巴西共和政变导致它的社会动荡不安。1889年政变领导人、陆军元帅德奥多罗·达·丰塞卡成为国家元首。与此同时，升职加薪与扩军政策让军官们从中受益。1891年，迫于海军叛乱、支持副总统弗洛里亚洛·佩绍托的压力，德奥多罗辞职，军队实现标准化。副总统弗洛里亚洛是陆军领袖，曾在1889年政变中扮演重要角色。他的独裁主义再度引发海军叛乱。由于陆军对政府的强力支持，这次叛乱以失败告终。1894年总统选举后，军政府统治暂时结束。

何塞·德·阿尔马达·内格雷罗斯与费尔南多·佩索阿

葡萄牙现代主义画家阿尔马达·内格雷罗斯（1893—1970年）是更广阔的葡萄牙帝国之子。他出生于圣多美，父亲是葡萄牙人，母亲是圣多美人。内格雷罗斯在里斯本接受教育。1917年，他把未来主义美学引入了葡萄牙。在萨拉查统治时期，他既是"艺术煽动者"又是"结盟的"艺术家。一方面，他批判社会，对因循守旧与平庸无奇发起批判；另一方面，他创作了大量公共壁画。他的作品包括一幅费尔南多·佩索阿（1888—1935年）的肖像画，如今收藏于里斯本现代艺术中心。佩索阿是比肩卡蒙斯的最伟大的葡萄牙诗人，也是20世纪葡萄牙文坛领袖。1915年，他与阿尔马达·内格雷罗斯一道，将现代主义引入葡萄牙。佩索阿是一位活跃的作家和文学批评家。他在里斯本曾度过许多时光，那里至今竖立着两尊他的雕像。佩索阿批判了共和国的动荡不安，对萨拉查不再抱有幻想。

像葡萄牙一样，巴西在"一战"中也对德国宣战。在德国潜水艇进攻与美国压力的双重作用下，巴西在1917年10月对德宣战。但是，巴西最终只派出一支海军中队，还没有在战时服役。

与葡萄牙一样，巴西在20世纪20年代社会也是动荡不安。1922年、1924年，巴西爆发了小规模海军叛乱。但是，这些叛乱都被忠于政府的强大陆军平定。1927年，在叛乱分子试图逃往内陆地区未果后，他们被彻底击溃。但是，1930年，当军队不愿抵抗一支向圣保罗（国家经济、政治中心）挺进的叛军时，政府被推翻。开始于10月3日的叛乱缘自人们对1930年3月总统选举裁决的否认。这次总统选举使圣保罗州占优势的寡头政治家从中获利。相反，军队宣称作为国家的监护人，他们享有监督权，因此在10月24日夺权。随后，11月3日，军队将权力交到叛军首领热图利奥·瓦加斯手中。他是在3月选举中落败的候选人。联邦军在圣保罗镇压了1932年针对瓦加斯的大规模叛乱与1935年的小规模起义。1937年，瓦加斯运用部队解散国会，宣布国家进入紧急状态，建立"新国家"。他在新国家中享有近乎独裁者的权力。这位总统直到1945年才下台。

不同于葡萄牙，巴西没有像西班牙那样亲德的邻国。因此，在"二战"时，巴西加入了盟军阵营。1938年发生的一次法西斯政变企图使巴西政府养成对美国的依赖。巴西最终效法美国，对德国、意大利宣战。巴西在遭到潜水艇进攻后，于1942年8月22日正式宣战。1942—1945年，巴西海军与空军协助同盟军在大西洋海战中共同对抗德国潜水艇；1944—1945年，巴西派出25000名士兵作为同盟军的一部分，前往意大利作战。

与萨拉查一样，瓦加斯采取贸易保护主义政策。1950年，经过民主选举，瓦加斯再度掌权，直到1954年才卸任。但是，对社会动荡的担忧让军方急于推动进步，建立秩序，结果导致军队在1964年接管权力。这与10年后发生的葡萄牙政变大不相同，因为巴西政变得到了美国的支持。政变后上台的独裁统治一直持续到1985年。最初，独裁政府在残杀异见者的同时，在20世纪70年代也给国家带来经济增长。结果在20世纪80年代，它面临严重经济问题，失去民心。

因此，反对派在1985年总统选举中获胜。1988年，巴西施行民主宪法，自此，巴西就一直是带有中央集权制社团主义成分的民主国家。2018年，受博索纳罗在总统选举中胜出的影响，巴西军队领导人拒谈新军事独裁统治。博索纳罗此前是一名军官，他曾称赞过1964—1985年的政权。相对地，葡萄牙政坛不太可能出现这样的结局。

第十二章

70年代葡萄牙：前路如何

危机并未到此结束，但至少是危机结束的开始。

政变与变化

1974年4月25日，葡萄牙武装部队运动发动政变，这主要是由初级军官在部队内部展开的一场激进运动。叛乱者未遭遇多少抵抗，对这次政变的抵抗明显小于1910年君主制被推翻时的情况，只有4人死亡。正如1917年那样，一场不受人欢迎的战争导致军队叛乱，最后反叛者掌权。在这两次叛乱中，军队对政府的不满情绪至关重要。他们都不愿被派往海外。政府将权力拱手让给曾批判战争走向、支持武装部队运动的安东尼奥·德·斯皮诺拉将军。斯皮诺拉将军资历高，因此比武装部队运动更易被人接受。卡埃塔诺、托马斯逃往巴西，在那里开始流亡生涯。

1974年政变后，政治犯获释，出版自由得到法律认可，社会党合法化，秘密警察被取缔。这场政变之所以叫作"康乃馨革命"，是因为人们把红色康乃馨送给众将士。但是，随后一个时期社会动荡不安。这种情况一直持续到1976年才结束。那个时期比1975年佛朗哥死后的西班牙更多灾多难、变幻莫测。

最初的庆祝活动过后，新成立的"救国军政府"变得日益激进。葡萄牙经济主体实现国有化，土地成为公有。这一趋势导致斯皮诺拉在9月30日辞去总统职位，因为此前他未能阻止"左"倾运动。在阿尔瓦罗·库尼亚尔领导下的葡共，积极推动土地改革，果断采取直接行动，赢得更激进的阿连特茹地区的支持。但是，结果表明，土地改革在葡萄牙北部与中部地区不受欢迎。在那里，大部分土地由小型家庭农场（不同于南部的大庄园）管理；根深蒂固的天主教会成了被打击的目标。布拉加大主教弗朗西斯科·席尔瓦强烈反对这种活动。

1975年4月25日，葡萄牙举行制宪议会选举。这是自1925年以来的首次民主选举。在这次选举中，葡共得票数仅排第8位，选票主要来自南部地区；相反，葡萄牙社会党控制着里斯本、阿尔加维与中部地区；人民民主党利用马塞洛·卡埃塔诺政党中的自由派，操纵北部地区。社会党得票数是葡共的3倍，这使葡共提出要通过政变上位。看起来，葡萄牙可能会成为在西欧内部挑战北约（它本身也是北约成员国）的左翼、一党制国家。美国国务卿亨利·基辛格担心葡萄牙会投靠"敌对阵营"。他认为，葡萄牙可能变成另一个智利。1973年，智利左翼政府被右翼军事政变推翻。

1975年3月11日，右翼反革命的企图失败，日益保守的斯皮诺拉开始逃亡。但是，在"康乃馨革命"支持者分裂的背景下，葡共在军队中缺乏足够支持。这导致1975年11月25日，由反对政府右倾行动的军人企图发动的政变以失败收场。1975年夏，爆发大规模集会与游行，这导致民众强烈不满武装部队运动提出的解散制宪会议的提议。这种前景既让平民政治家信心倍增，又影响着军队的看法。

此外，苏联并未介入。苏联在陆上没有与葡萄牙的直接联系，它们的海上联系也不牢靠。虽然苏联海军最近刚扩充过，但它在大西洋海域远不及对手，还缺乏两栖作战部队。葡萄牙依然是北约成员国。

1976年2月，军队将权力移交给平民出身的政治家。在当年4月的选举中，葡萄牙社会党再度在选举中领先；葡共小有进步，得票率为14.4%；社会民主党得票率第二。社会党为组建联合政党，向相对右翼的民主社会中间党求助。该党以16%的得票率位列第三。这是在1976年4月2日新宪法颁布实施后，葡萄牙举行的首届选举。

危机并未到此结束，但至少是危机结束的开始。在某种程度上，由于严重的经济压力，尤其是向后帝国时代经济的转变，葡共得票率在1979年12月2日选举中增至18.8%。但是在左翼政党中，社会党27.3%的得票率使得它依然是第一大党，且得票数中等。民主联盟是由社会民主党、民主社会中间党与另外两个小党派组成的联合政党。它在全体公民投票中得票率为45.2%，赢得大部分席位。1977年9月，《农业改革法》为人们提供普遍可以接受的集体化限度。它在本质上将集体化限制在南部大庄园，尤其是葡共的票仓阿连特茹地区。1975—1976年，南部有近120万公顷，折合南部地区31%总面积的土地被占领。政府除将此过程合法化外，别无选择。

1980年1月，中间偏右的民主联盟政府取代社会党政府。在弗朗西斯科·萨·卡内罗的领导下，这届政府带有平民主义特色，但是，它也力推私有化政策。阿尔加维的集体化基本上被废止。在1980年10月5日举行的选举中，葡共得票率降至16.8%，社会党得票率是27.8%，民主联盟联合政党的得票率则升至47.6%。1974年，萨·卡内罗创建人民民主党；1976年，他将该党更名为社会民主党。萨·卡内罗仍担任葡萄牙总理。

与此同时，1975年，葡萄牙从东帝汶与非洲殖民地撤退，包括佛得角群岛殖民地，那里的独立进程一直都是和平的。在基数庞大的殖民者人口中，有75万人身无长物，愤愤不平地回到葡萄牙。他们中的许多人，多年来都住在葡萄牙的城市边缘（尤其是里斯本）棚户区内仓促搭建的住房里。这让政界与社会都感到有些许不安。

随着时间流逝，由于经济发展带来的红利，紧张局势逐渐缓和。尤其是在1986年葡萄牙加入欧洲经济共同体之后。作为政治政党化与获得国际认可的重要方面，葡萄牙在1977年提出加入欧洲经济共同体的申请。1976年，当葡萄牙获准加入欧洲委员会时，人们认为葡萄牙已得到国际社会认可。但是，由于葡萄牙的欧洲经济共同体成员国身份与西班牙的成员国身份相关，直到1986年葡萄牙才获准加入。西班牙加入欧洲经济共同体面临着几个问题，尤其是法国对农业竞争深深的担忧。但是，加入欧洲经济共同体的过程，以及希望得到国际社会认同的愿望，在促进葡萄牙政治走向温和与现代化的道路上至关重要。葡萄牙没有发生类似1981年西班牙那场失败政变企图发生的事情，没有发生军事政变。

因此，"新国家"的后续问题并不是政治纠纷中的关键因素。在某种程度上，这不仅因为政党之间达成了遗忘的共识，还因为没有一场重要政治运动追忆萨拉查独裁统治。过去没什么可留恋的，尤其是因为葡萄牙的帝国地位已烟消云散，而这正是"新国家"意识形态的重要方面。萨拉查体制没有1910—1929年君主制的那种强大政治余韵。此外，不同于西班牙，葡萄牙军队不支持右翼政治行动。

独裁统治后的历届政府确实有了某种程度的名誉恢复，尤其是1965年遇刺的萨拉查政敌温贝托·德尔加多。1976—1978年、1983—1985年，社会党人马里奥·苏亚雷斯担任葡萄牙总理。他支持德尔加多，并将其遗体安葬在国家万神殿。德尔加多也在死后被追封为陆军元帅。2015年，里斯本机场以他的名字被更名为"温贝托·德尔加多机场"。里斯本塔霍河上仿金门大桥建造的吊桥——萨拉查大桥也更名为"4月25日大桥"。葡萄牙有许多"4月25日广场"，而且这一天也被称作葡萄牙"自由日"，成为国家公共假期。正如在雷瓜一样，工会活动家与工人们的雕塑纷纷被竖立起来，一种独特的公共艺术被推上前台。因此，在盐田之都，塔霍河口南岸上的阿尔科谢蒂，1985年人们在那里竖立起一座盐工雕像，铭文上写道："从食盐到反抗与希望"。

20世纪80年代的改革

1980年12月，萨·卡内罗死于飞机失事。人们普遍认为这是一起暗杀事件。弗朗西斯科·平托·巴尔塞芒接替了他的位置。但是，巴尔塞芒面临着四分五裂的政党与大罢工。政府在1983年4月25日举行的选举中表现糟糕。相反，苏亚雷斯以36%的得票率取胜。这显然是少数票，结果导致苏亚雷斯与社会民主党（得票率为27.2%）结盟，组成所谓"中间集团"。

准备加入欧洲经济共同体的压力与更普遍的经济现代化、财政紧缩政策共同导致了经济困难。"4月25日人民军"反对修订宪法，试图革命，于1980—1987年发动左翼恐怖主义袭击。这些都遭到右翼、左翼政党的一致反抗。该组织共杀害18人。该组织除通过抢劫银行为自己提供资金支持外，还在1984年袭击了美国大使馆，1985年在里斯本攻击了北约舰队。

1985年6月，苏亚雷斯因缺乏议会支持而辞职。1985年10月6日，葡萄牙举行新一轮选举。社会民主党新领导人阿尼巴尔·卡瓦科·席尔瓦以29.9%的得票率（88个席位）胜出。社会党得票率仅为20.8%。接着苏亚雷斯在1986年成为葡萄牙总统。1991年改选后，他直到1996年才卸任。

自1986年加入欧洲经济共同体后，葡萄牙因进入欧洲市场而获益颇多。这些好处从带来新技术、资金投资到财政援助不一而足。1985—

1995年，社会民主党人卡瓦科·席尔瓦担任葡萄牙总理。他力推解除管制、减税与现代化政策，包括劳动法改革。劳动法改革使许多工人下岗，向他们发放补偿金使政府债务增加。在欧洲经济共同体资金援助下，葡萄牙兴办许多修路架桥的工程。1985年，广为人知但缺乏吸引力的阿姆雷拉斯大型购物中心在里斯本向公众开放。新的办公大厦取代旧楼房，用鹅卵石铺成的道路上铺满柏油碎石。1982年、1989年两次修宪，删掉宪法中关于革命与社会主义的条款。1982年修宪撤销1975年成立的革命委员会并限制总统权力，从而加快实现政权平民化，强化议会对政府的控制。1989年再次修宪，允许私有化。

20世纪90年代的大衰退

由于20世纪90年代初全球范围的经济衰退，葡萄牙经济停滞不前。1992年，葡萄牙在担任欧盟轮值主席国期间，勉强维持在欧洲经济共同体的汇率机制（ERM）内。此外，葡萄牙落后的农业难以与邻国抗衡，尤其是农业机械化程度更高的法国和西班牙。欧洲市场的经济准入是双向机制。在某种程度上，葡萄牙政府没有完全向公众解释清楚这一点。1986年开始推行的"单一欧洲市场"带来的影响，使竞争更加激烈。加之罢工四起、腐败不绝，政府声誉受损。在1987年选举（50.2%的得票率）与1991年选举（50.6%的得票率）中获得惊人多数票的卡瓦科·席尔瓦，决定不参加1995年的大选。

当年的选举在10月1日举行。社会党总书记安东尼奥·古特雷斯通过社会民主党的重大转变，在选举中最终胜出。社会党候选人在1996

年的总统选举中再度夺魁。古特雷斯继续实行财政限制，这使葡萄牙在1999年得以加入欧洲经济货币同盟（欧元存在的基础）。1998年，里斯本世博会顺利举办。为此，葡萄牙在塔霍河上架起瓦斯科·达伽马大桥；同年，葡萄牙小说家若泽·萨拉马戈荣获诺贝尔文学奖。这位无神论者的作品冒犯了卡瓦科·席尔瓦政府。

1999年10月10日，古特雷斯再度当选。社会党仅以一票之差，未能取得绝对多数席位。他们的得票率为44.1%，赢得115个席位（上一次得票率为43.8%，赢得112个席位）。同时，社会民主党得票率32.3%，赢得81个席位；人民党（右翼）得票率为8.3%，赢得15个席位；葡共得票率为9%，赢得17个席位。社会党在大多数选区中一马当先，但唯独在东北部地区领先的是社会民主党。

21世纪初的艰难

21世纪初的经济、财政问题导致葡萄牙在2000年突破赤字上限。失业率上升，移民国外者增多，包括去往安哥拉、莫桑比克的侨民。贪腐丑闻使社会危机感突显。2001年，格雷罗河公路桥坍塌，造成许多伤亡。政府因此陷入丑闻，因为此前政府未听从劝告修缮路桥。出事地点有一座纪念碑幸免于难。此外，葡萄牙社会未能给快速增长的里斯本人口提供充足的优质住房。由于社会党在2001年12月的地方选举中表现很差，古特雷斯在当月引咎辞职。2016年，他被选举为联合国秘书长。

2002年3月的选举让若泽·曼努埃尔·巴罗佐领导下的社会民主

党掌权。作为总理，巴罗佐集中精力试图削减公共赤字，但成效不大。他下台后（一直担任欧洲委员会主席至2014年任期届满离职），里斯本市长佩德罗·桑塔纳·洛佩斯在2004年7月取而代之。由于桑塔纳·洛佩斯的总理职位不是通过选举获得的，因此民众普遍认为他庸碌无能。

在2005年2月20日的选举中，社会党胜出。他们的得票率是45%，获得121个席位，较上一次（2002年）的96个席位提高不少。他们在22个选区中拿下19个，包括那些在历史上投反对票的选区。中间偏右政党失去此前赢得的逾11%的选票，左翼集团表现不俗，得票率为6.4%。2009年，社会党总书记若泽·索克拉特斯赢得改选。他一直担任葡萄牙总理，直到2011年卸任。他不得不推行财政紧缩政策，推行结构性改革，这包括不受欢迎的削减农村地区设施配置的政策，尤其是小学设施与医疗设备。

在2009年9月27日举行的选举中，社会党拿下最多席位，但失去24个席位与9%的选票。因此，他们在葡萄牙议会的230个席位中不再占大多数。社会民主党新增6个席位，左翼集团新增8个席位，人民党新增9个席位。由于左翼整体获得大多数选票与席位，索克拉特斯应邀组建新政府。在选举中，社会党在南部、中部与西北部表现优异；社会民主党在东北部，人民党在北部，左翼集体在阿尔加维与上塔霍河谷得票较多。

近十年的财政危机

由于欧盟需要出资援助新加入的东欧成员国，加之国内巨大负债率的影响，使葡萄牙在应对2008年开始的全球经济危机时，陷于水深火热。葡萄牙经济大幅缩水。同时，来自欧盟、国际货币基金组织与欧洲中央银行要求葡萄牙削减巨额国债的压力，导致政府在2010年推行严苛的财政紧缩新政。结果，截至2013年，葡萄牙25岁以下年轻人的失业率飙升到40%以上。这在很大程度上再度导致人口外流。政府处境艰难，2011年3月23日，议会拒绝接受财政紧缩一揽子计划。为此，索克拉特斯辞职，结果在2011年举行临时选举。当时，索克拉特斯所属的社会党是少数派。

同时，作为临时政府首脑的索克拉特斯为了让葡萄牙不破产，必须找到紧急财政援助。当时，人们担心公共财政，担心经济缺乏竞争力。这些担忧可能导致国家信用破产。葡萄牙的这些失败让债券交易员、评级机构忧心忡忡，债券价格因此出现浮动。最终，国际货币基金组织、欧元区与欧洲中央银行在2011年5月16日同意向葡萄牙提供780亿欧元的紧急财政援助，并持续到2014年5月。作为交换，葡萄牙政府必须将2010年占国内生产总值9.8%的预算赤字在2013年削减至占国内生产总值的3%。2011年7月，顶级评级机构穆迪投资服务公司将葡萄牙的信用评级降至最差级别。全球经济危机给葡萄牙带来希腊曾经历过的许多问题。

2011年6月5日，一场选举在这场糟糕的危机中照例举行。在佩德罗·帕索斯·科埃略领导下的社会民主党表现出奇地好，获得108个席位（2009年是81个）。相比之下，社会党获得74个席位（2009年是

97个），左翼集体获8个席位（2009年是16个），人民党获24个席位（2009年是21个），以及葡共获16个席位（2009年是15个）。社会民主党拿下全国20个选区中的17个，包括里斯本、波尔图、阿尔加维与亚速尔群岛。社会党得票率从36.6%下降至28%，社会民主党得票率则从29.1%上升至38.7%。当晚，索克拉特斯辞去社会党总书记一职。社会民主党与人民党一道组建新政府。

然而葡萄牙没有出现希腊那种社会暴力事件。政府削减福利的措施在2012年引发大规模游行，但都是和平游行。领取养老金的人受到的冲击尤为严重，但大多数家庭都是这样。2011—2015年出任葡萄牙总理的社会民主党主席科埃略，积极推进紧急财政救援要求实行的变革。私有化与更高税额是影响因素。2013年7月，政治危机暂时解除。

2015年10月4日举行的选举见证了人们对经济紧缩政策的反对，以及右翼联合政党支持率的下滑。由社会民主党、人民党组成的右翼联合政党此次得票率较2011年下降12%。它们拿下了里斯本、波尔图与北部地区，但南部地区将票投给了社会党。科埃略没有组建一个可持续的少数党政府，社会党总书记安东尼奥·科斯塔成为总理。他的议会多数党包括左翼集团、葡共与绿党。他兑现了自己的选举承诺，撤销上届政府实行的许多财政紧缩政策，国家养老金、工资与工作时间均恢复到2000—2009年的水平。随着经济的增长，2016年预算赤字降至国内生产总值的2.1%。在2017年的地方选举中，社会党表现不俗，但国债依然居高不下，整体经济也缺乏必要的结构性改革。

2007—2019年，葡萄牙社会各界就经济社会危机争论不休。结果，一些右翼历史学家开始为萨拉查及其带来的社会稳定唱赞歌。这与早前西班牙、意大利已经出现的为佛朗哥、墨索里尼平反的声音有相似之处。相比之下，左翼政党批评萨拉查政权未能使葡萄牙实现现代化。这种批评引发人们对与事实相反情况的推测，葡萄牙如果反其道而行，又会如何？关于过去观点的分歧，体现出在严重经济困难时期党派政治的影响力，也反映出具有更广泛基础的右翼势力的根基之深。

层出不穷的社会问题

除政治变化外，自萨拉查时代起，葡萄牙就不断经历着社会变革。一些法规与民意明显反映出这种变革。前者带来《离婚法》（2001年颁布，2002年生效）、《流产法》（2007年）、《同性恋民事关系》（2010年），以及2017年的《同性恋领养法》。

全民投票公决使流产合法化。1998年6月28日，葡萄牙举行"后萨拉查时代"首次全民公决。发起这次公决倡议的是葡共，此前议会已投票通过流产合法化立法，但是社会党与社会民主党领袖同意由全民公决来决定；北部地区大部分人反对，里斯本与南部大部分人支持，全国50.91%的选民投票反对流产合法化。各选区之间的意见分歧很大，塞图巴尔有81.9%的人赞成，亚速尔群岛有82.8%的人反对。

药物合法化

2001年，社会党政府修订药品法。非法药品依然非法，经销商仍将遭到起诉，但是，供个人使用而持有药物不再是一项刑事犯罪。毒品持有者被捕后要遵照指示前往"劝阻吸毒成瘾委员

会”。20世纪90年代，在公众关注与社会危机感的背景下，葡萄牙人口中约有1%的海洛因吸食者。高比例的艾滋病感染是与之相关的问题，与毒品相关的犯罪十分严重。萨拉查政权过后的社会开放与经济繁荣对此负有部分责任。如今，葡萄牙约有3.3万名海洛因吸食者。2016年，有27人因服药过量死亡。瘾君子中新确诊的艾滋病感染案例与肝炎感染率均呈下降趋势。与毒品相关的犯罪似乎也减少了，大部分非法药品价格下跌。

2007年2月11日，遵照社会党的选举承诺，葡萄牙举行第二次全民公投。社会民主党不同于1998年时的情况，此次发生意见分歧。这次，在参加投票的人中，59.25%的人投赞成票。较保守的北部地区（不包括波尔图）投反对票，但主要城市、南部地区与中部大部地区投票赞成。

民众观念的变化导致生活方式发生巨变。婚姻关系以离婚收场的比例很高：三年内离婚率约有62%。此外，近52%的婴儿的父母不是正式夫妻。去教堂做礼拜的人数下降，尤其是在年轻人中。即使人们仍去教堂参加婚礼、洗礼，敬奉当地圣徒，举办相关庆祝活动，其规模也无法与早期宗教活动相提并论。

葡萄牙的天主教继续发挥作用。2007年法蒂玛新落成的大教堂、1996年布拉干萨新建的大教堂，以及一年一度的拉帕圣母教堂朝圣都是有力明证。自16世纪初开始，这座位于塞南塞利附近的教堂就吸引着络绎不绝的朝圣者。2009年，时任教皇本笃十六世将努诺·阿尔瓦雷斯·佩雷拉封为圣人。佩雷拉在1385年阿尔茹巴罗塔之战中获胜，后来成为神秘主义者。但是，在97%的人口至少在名义上依然信奉天主教的国家里，宗教虔诚与这种教会行为在很大程度上已毫不相关。

所有这些情况并非葡萄牙独有。事实上，诸如爱尔兰、意大利与西班牙这些天主教中心也出现类似变化。它们是欧洲天主教危机的一部分。但是，那并不意味着这种变化对葡萄牙不重要。正如其他天主教国家一样，它与人口出生率的显著下降息息相关。许多情侣不再结婚。但是，无论结婚与否，他们都较以前晚育，生的孩子也少。这导致人口结构出现重大且明显永久性的变化。人口规模日益由比例越来越高的退休者，而非有生育能力的年轻人占主导地位。按照欧洲标准来看，葡萄牙人确实是最不活跃的人群之一。人们日益担心人口将会断崖式下降。事实上，人口骤降会让葡萄牙难以养活比例越来越高的老年受扶养者。如今，葡萄牙是欧洲人口老龄化最严重的国家之一。20世纪60年代，老龄人口占葡总人口的1/3；如今，老龄人口约占4/5。这使得关于福利社会可持续性的讨论成为热点政治话题。

同样，这个问题也非葡萄牙所独有。人们讨论过的补救方案包括劝说侨民及其后代返回葡萄牙，但这一对策始终受到多方钳制。20世纪90年代末，在葡萄牙经济上升期，确实出现过一些移民回流，但紧接着就停止了。许多葡萄牙人移居的国家依然前景大好，如法国、英国、瑞士、卢森堡等国。因此，英国国民医疗服务体系与博姿公司都在葡萄牙刊登招聘广告。有一次笔者在埃克塞特博姿门市买药时，发现那里两位当值的药剂师都是葡萄牙人。一旦侨民迁入英国或别处，他们遇到生活伴侣后往往会安定下来。虽然葡萄牙人在伦敦分布广泛（包括在诺丁山、布伦特），但是斯托克韦尔的部分地区成了"小葡萄牙"。那里有近27000名葡萄牙人与一些餐馆。2011年人口普查数据表明，英国有95065名葡萄牙裔居民（其中41041人在伦敦）；2013年，英国国家统治局估计这个数字是107000人。随着葡萄牙失业率的上升，20世纪90年代末，这个群体确实壮大了。2001年人口普查数据显示，葡萄牙裔居民是36555人。一些估算远高于10万人。诺福克是伦敦以外葡萄牙裔居民最多的郡。

对葡萄牙人来说，移民到巴西并不总是前景大好。2017—2019年，许多葡萄牙人逃离巴西前往委内瑞拉，在那里形成人数众多的群体，还有一些人开始返回葡萄牙。但是，这次返乡侨民人数无法与1974—1976年从殖民地返回葡萄牙的人数相提并论。葡萄牙经济前景不好，尤其对于年轻人来说。前景最好的是里斯本地区与波尔图。它们的城市面貌取代了农业国的形象，但那些地方最不需要移民。大里斯本区人口超过200万。事实上，2018年那里房租的涨幅远超过通货膨胀率。结果导致里斯本与波尔图均爆发抵制爱彼迎公司的示威游行，指责爱彼迎为了游客将房源移出租赁市场。游客也主要集中在这两座城市。2017年，从葡萄牙全境整体来看，旅游业收入增长17%。

房租压力突显各方利益的博弈。富人获得拆迁重建的市中心贫民窟房产，普通工薪阶层被迫搬往城市边缘地带。

2016年欧洲杯的胜利

2016年7月10日，葡萄牙人充满民族自豪感。因为在那一天，全国电视都在直播在巴黎法兰西体育场上，葡萄牙足球队在第109分钟击败法国队的比赛。当晚，在里斯本，现场气氛当然是高度紧张的。出生于马德拉的球队队长克里斯蒂亚诺·罗纳尔多屡获大奖。他是冠军射手。葡萄牙曾在2004年举办过欧洲杯，结果在决赛时不敌希腊队。2016年的欧洲杯是葡萄牙首次在重要锦标赛上夺冠。罗纳尔多当时是进球率第二高的射手，但是他在决赛中被人用担架抬下场。本场比赛最佳球员是出生于巴西的"佩佩"，他在2001年来到葡萄牙，2004—2007年效力于波尔图俱乐部时成名。葡萄牙在夺得2016年欧洲杯冠军后，于2017年首次摘得欧洲电视网歌唱比赛桂冠。

2018年，葡共呼吁提高国家养老金。葡萄牙国家养老金确实相当低。这给家庭带来经济压力，因为年轻人无力赡养他们如今高龄的父母。

越来越多的年轻人离开内陆的小城镇。那里的路边咖啡馆里满是啜饮回忆的老汉与去教堂做礼拜和为远方孙辈祈祷的老太太与寡妇。这种情况在农业落后的地区尤为严重。葡萄牙加入欧盟后不仅受到开放竞争的影响，还因随后东欧食品出口国的加入而受到打击。相比起来，西班牙农业的发展要好得多。展望未来，欧洲援助西北部非洲经济的打算将会使竞争变得更加激烈。人们离开故乡生活既不新奇，也不是葡萄牙独有的现象，但这总让葡萄牙人觉得很不舒服。

第十三章

重新发现葡萄牙：北部

人们在喝啤酒上当然要争个雌雄高下。

波尔图熙熙攘攘的滨水区，与里德里格城堡的山顶村庄有着天壤之别。然而，葡萄牙北部地区的共性在于它们完全不同于里斯本的"身份"。撇开波尔图与里斯本的长期对立不谈，北部人感觉自己关心的事在首都得不到重视。人们在喝啤酒上当然要争个雌雄高下。北部人往往喝"超级博克"，南部人偏爱"萨格雷斯"。更明显的较量是足球，波尔图俱乐部的对头是里斯本竞技和本菲卡两家。

北部内部的主要差异存在于西部沿海与东部内陆之间。前者是大西洋海洋性气候，潮湿、多云。云、薄雾与细雨限制光照时间，缩短了生长季节。从西边海上吹来的盛行风含盐量高。陡坡导致水流径流率高，使山谷谷底常受河流、小溪泛滥的影响。数百年间，强降水造成高地的水土流失。这使高地土壤贫瘠、常呈酸性，因而降低了持续耕种或精耕细作农业的可持续性，尤其是在没有肥料的情况下。但是，低地地区也有土壤贫瘠的问题，那里许多地方受水土流失的影响。

丰沛的降雨十分有利于树木生长。它也是波尔图咖啡馆沙龙常在室内进行的原因。农村地区楼房的墙修得很厚，也是为了防雨，许多是用大理石砌成。

相比之下，东北部十分干燥。在西北山区影响下形成的雨影区内，夏季东北部的山后地区也酷热难耐，气温常常超过40摄氏度，冬季寒冷。

波尔图葡萄酒

波尔图葡萄酒是英国与葡萄牙长期合作的重要证明。它反映出杜罗河谷历史悠久的葡萄种植传统，也许始于古罗马时期。对英国来说，产自该区的葡萄酒成为法国葡萄酒重要的替代品。但是，问题是它味道苦涩，不宜长途运输。因此，据说17世纪英国商人最早在葡萄酒中加入白兰地，使它更烈、更甜。因此，葡萄牙的葡萄酒长途运输来到英国。这种方法与英国购买力的结合造就了成功的葡萄酒产业，葡萄酒销售遍布英国各处。从杜罗河地区的葡萄园到波尔图的葡萄酒小屋（波尔图葡萄酒在那里酿熟、装瓶），葡萄牙北部的葡萄酒遗产依然惊人。这两个地方都是去该地区观光的游客必看的景点。波尔图葡萄酒分为红色、金色与白葡萄酒，每种都风味独特，还有特定年份的波尔图葡萄酒与晚装瓶年份的波尔图葡萄酒。

虽然在遥远的蒙特西尼奥国家公园的情况并非如此，但是在东北部大部分地区树林相对较少，植被稀疏，草场通常不肥沃。1867—1891年，奥斯瓦尔德·克劳弗德任英国驻波尔图领事。克劳弗德在他的《葡萄牙游记》中提到："葡萄牙高原上种着黑麦田、葡萄园、栗子与黄檗，但是露出大片荒芜的、红黄色的土地——那片地既不富饶也不美丽。"气候与土壤并不是唯一的问题，因为北部大部分地区山峦起伏，海拔可达1900米以上。这催生出小块土地精耕细作的模式，例如葡萄种植。在历史上，家中将财产分割给儿子们的做法也导致葡萄种植的精耕细作。这些困难使该地区在20世纪末经历了大量的人口外移。事实上，在20世纪60—90年代，这里失去了近1/3的人口，废弃的建筑物随处可见。

位置偏远使得北部方言与众不同，尤其是在边境村庄里奥·迪奥诺尔的葡裔西班牙人的诺雷斯方言，以及边城米兰达及周边地区独特的米兰达方言。1998年，米兰达方言获得正式承认，成为一门第二语言，它接近古罗马统治时期的口语。这个地区也有异教徒风格的传统，尤其是类似于宗教仪式的生育习俗和米兰达地区的棍棒舞者。他们和英国的莫里斯舞者相类似。

北部是葡萄牙文化发源地之一。它的历史反映出权力南移的过程，先是转向科英布拉，后来是里斯本。布拉加、基马拉斯与波尔图这些传统权力中心是历史感最强的城市。它们的每座城市都让人印象深刻，拥有惊人的中世纪建筑物。2001年，联合国教科文组织将基马拉斯古城列为世界文化遗产；2012年，基马拉斯当选为"欧洲文化之都"。

权力在历史上有许多形态，其中最著名的是大教堂、城堡与宫殿了。同时，作为2011年"欧洲文化之都"的波尔图代表着一种与众不同的权力形式，那就是商业与青春。虽然许多小镇的傍晚十分静谧，但波尔图依然喧嚣。

旅客到北部游览时的关注点往往是酒精，尤其是位于里斯本市中心对面、杜罗河南岸的盖亚区，那里有一桶桶正在酿熟的波尔图葡萄酒。饮用波尔图葡萄酒的方式多种多样。我曾在葡萄园地区河边的一间酒吧喝过加热过的波尔图葡萄酒，还配有糖、苹果与肉桂。鉴于许多道路崎岖不平，最好是由不喝酒的人开车。葡萄牙以外的人不知道，那里的红葡萄酒也令人称奇。如果在米尼奥地区沿海低地现场品尝那里的低度生葡萄酒，味道更加宜人。葡萄酒要在绿的时候，或者说在未酿熟的时候享用。有时酒里带着一丝浅绿色。

北部地区也不乏特色菜，包括波尔图的牛肚，当地人甚至被称为"吃牛肚的人"。那里的牛肚还不错，因为它配着有豆子、香肠的辣酱，或者说是淹没在这种混合物之中。名为"弗朗切辛哈斯"的肉馅单片三明治，是波尔图的另一道特色菜。人们可以在沿海地区轻易找到新鲜美味的鱼，尤其是沙丁鱼。烤鳗鱼是米尼奥地区的一道冬季特色菜。

英国旅行团主要集中在波尔图、杜罗河谷。在那里，水坝控制住河流水位后，乘船度假在1986年兴起，而上杜罗河葡萄酒地区在2001年被联合国教科文组织列为世界文化遗产。

欢聚杜罗河上

1733年，波尔图的英国人庆祝圣乔治纪念日：

"男男女女穿着昂贵的晚礼服，欢聚在杜罗河畔的乡间别墅。他们能看到许多装饰着旗帜、彩带与三角旗的船只。船上炮弹齐发。其他国家的领事也应邀参加化装舞会、小船游河活动。大家载歌载舞，欢享盛宴。娱乐活动一直持续到次日早晨7点才结束。"

最近，人们开始定做更多游船，游客可以舒舒服服地乘船游览。"大理石之城"波尔图在成为联合国教科文组织世界文化遗产地后受益颇多。波尔图宽阔的机场是不错的入境处，通地铁。

第十四章

重新发现葡萄牙：中部

里斯本则自成一体。虽然辽阔帝国的历史已然逝去，
但这座世界性的都市最近几年再度焕发生机，引得游客青睐。

贝拉斯、埃斯特雷马杜拉、里巴特茹及里斯本周边这些葡萄牙中部地区具有环境与文化的多样性。这里有葡萄牙最富饶的地区与重要历史遗址。除下贝拉省外，冬季相对温和。大雪纷飞的埃什特雷拉山脉冬季尤为温和，干旱问题并不严重。因此，中部地区的农业较北部与南部发达。但是，在上贝拉省高原到东边的地方，气候干燥，使农耕受限。

葡萄牙的"中部"包括一些不为游客所熟知的地方，例如上贝拉省与人烟稀少的下贝拉省，还有奥斯瓦尔德·克劳弗德在19世纪70年代初所说的："葡萄牙的'名胜之地'：科英布拉的大学、托马尔精美的修道院教堂、阿尔科巴萨雄伟的熙笃会修道院及大修道院遗址、巴塔利亚优美的建筑、马夫拉恢宏的18世纪王宫修道院，以及辛特拉阴凉的小树林与摩尔式城堡。"所有这些加上奥比杜什，今天仍是必看景点。马夫拉图书馆最是令人称奇。考虑到马夫拉王宫修道院的构造（凡尔赛宫明显没有这个特点），维也纳附近的克洛斯特新堡与马德里附近的埃斯科里亚尔建筑群与其最为相近。但是，这些地方无法与大多数现代景点相媲美。中部地区的遗迹从古代遗迹到佩尼谢的堡垒应有尽有。我们可以在佩尼谢参观萨拉查最重要的政治监狱。

贝拉斯能帮我们捕捉到葡萄牙的多样性，从滨海贝拉省的沙滩到大学城科英布拉的历史魅力，到上贝拉省陡峭的高地，再到干燥、部分地区空无一人的下贝拉省。再往南去，埃斯特雷马杜拉与里巴特茹更加肥沃富饶、热闹忙碌。在生机盎然、郁郁葱葱的塔霍河谷，大西洋海浪拍打下的美丽海滨沙滩与东部的迤逦风光不分伯仲。

里斯本则自成一体。虽然辽阔帝国的历史已然逝去，但这座世界性都市最近几年再度焕发生机，引得游客青睐。前往里斯本的国际游客人数最多。2016年，去里斯本旅游的主要是欧洲人，尤其是英国人、西班牙人、法国人、德国人、荷兰人与意大利人。*Time Out*杂志与其他国际新闻出版刊物一直将里斯本称为"欧洲最佳旅游目的地"，它也的确实至名归。里斯本也是葡语世界重要中心之一。但是，它要与圣保罗、里约热内卢就这一地位展开竞争，后者人口更多。

在历史上，希腊人、迦太基人与古罗马人在腓尼基人之后，来到里斯本。考古博物馆内收藏着有趣的考古发现。人们可以在古罗马剧院博物馆内看到一座荒废的剧院。在里斯本一处繁忙的所在，大教堂静谧的哥特式回廊内有古罗马街道遗迹。努克莱奥考古博物馆收藏着一个古罗马腌鱼厂遗迹。

苏维汇人、西哥特人先后来到里斯本，但是他们都没有在里斯本，或者确切地说没有在葡萄牙中部，留下多少痕迹。714年，里斯本被摩尔人攻克。他们对所谓的"阿尔·乌什布纳"的占领直到1147年才结束。1255年，里斯本在经过激烈的围城战后被攻克，取代科英布拉成为葡萄牙首都。因为，科英布拉不是港口，当时在人们看来过于偏北。

自15世纪起，葡萄牙用越洋扩张带来的财富创造出许多宏伟壮观的建筑物遗产，尤其是了不起的贝伦热罗尼姆斯修道院。里斯本城主体部分及许多著名建筑物均毁于1755年大地震之中。但是，仰仗着蓬巴尔的统率才能，里斯本接着迅速重建，商业广场与贝拉以北地区的网格布局就是明证。

"世上最好的女子"

1730年，身为英国战舰牧师的约翰·斯温顿在里斯本记录道：

今天，我看到一位葡萄牙大美女。她戴着精美的耳坠，五官精致、面色极好。不过，我怀疑她也许涂抹过脂粉。因为，葡萄牙女子几乎从襁褓中就开始化妆了。虽然有些人不愿遵从这令人发指的习俗而保持着天生的好面色，但是，葡萄牙女子不觉得这是种罪过。自从到里斯本以来，我已经见过几个这种天生好面色的葡萄牙女子了。不管是从她们的翩翩风度、眉清目秀、优雅谈吐、活力四射、机智辛辣来看，还是从她们可爱迷人的举止来说，她们理所当然都是世上最好的女子。这些窈窕淑女、摩登女郎除了去教堂做礼拜，几乎不出门。

19世纪初，当葡萄牙王室移至巴西以及后来巴西独立时，里斯本的财富与重要地位被蒙上了一层阴影。19世纪接踵而至的政治动荡，虽然具有破坏力，但在重要性上无法与大西洋其他地区更快的经济增长程度相比，尤其是英国在商业与更广泛领域的影响上。大西洋商业财富主要集中在利物浦、伦敦与格拉斯哥。

同样的进程在20世纪继续上演。在1910年、1926年两次政变之间，有着一段动荡不安的时期。在萨拉查统治下，里斯本没有建起像墨索里尼那样浮夸的建筑物；与佛朗哥统治的马德里相比，里斯本也没有留下战争的痕迹。但是，一些保留至今的重要建筑物显示出当时某种程度的停滞不前。

第二次世界大战后，葡萄牙发展相对停滞。这使得里斯本看起来乌烟瘴气。1974年的政变也没让城市市容出现多大改观。例如，商业广场在20世纪80年代其实只是一个停车场。

相比之下，改变主要出现在1986年葡萄牙成为欧洲共同体成员国之后。由于减税与20世纪80年代中期全球普遍的经济增长，葡萄牙对内投资促进经济增长。地铁扩建是现代化的一个重要标志。1959年12月，葡萄牙第一座地铁站开放营运。里斯本成为旅游目的地后，创造出更多财富用于投资，也成为更加吸引人的餐馆海洋。

如今，里斯本虽然没有巴塞罗那的时尚氛围，但是，这座城市极其多样化，从雄伟庄严到阿尔法马的破落有趣，应有尽有。它也处在快速变化之中。说到里斯本新城区，游客可以去1998年世界博览会举办地点"万国公园"一游。

除里斯本之外，更广阔的区域包括贝伦、卡斯凯什与辛特拉。这些地方别有风味，十分值得参观。乘坐公共交通工具从里斯本出发，很容易就能到这三个地方，它们也是必游之地。辛特拉的人文财富包括皇宫、废弃的摩尔城堡与嘉布遣会修道院。我强烈推荐"法布里帕·达斯·韦达代拉斯"这家店的油酥点心。它们让我从火车站开始的徒步旅行更加愉快。贝伦也很有趣，但人太多，尤其是在热罗尼姆斯修道院及周边地区。在卡斯凯什更加朴实无华的景点，人就没有那么多了。在那里，在远离有碍观瞻的现代港口的地方，静谧的基马拉斯博物馆与附近让人身心放松的市立公园值得游玩。

里斯本及其周边地区有鱼肉、猪肉这两种美味。那里有许多鲜鱼、贝类。乳猪是一道特色菜，尤其是科英布拉的那种。炖菜也很常见。一度是人们日常主食的咸鳕鱼干也无处不在。甜点不太有名。这里的食物比西欧其他首都的更物有所值，分量也很足。这里不是有名葡萄酒产区，但是附近塔霍河谷的里巴特茹葡萄酒近来改良不少。里斯本也有从埃斯特雷马杜拉到北部出产的葡萄酒，包括布塞拉什白葡萄酒。而且，人们在首都里斯本可以轻松品尝到来自全国各地的葡萄酒。里斯本同时也是一座啤酒之城。啤酒馆有时会铺有大量精美瓷砖。城里咖啡馆很多，还有一些诱人的蛋糕店。我推荐拉戈多卡莫的一家名叫"学院"的餐馆，在露天用餐。想要吃鱼的话，可以去军事博物馆附近的室外餐厅。

第十五章

重新发现葡萄牙：南部

葡萄牙南部处处有美食，尤其是猪肉。

高原俯视着南部地区（阿连特茹和阿尔加维），而沿海平原狭小，冬季无严寒，生长季节漫长。但是，夏季干旱问题严重。谷物、软木树、绵羊、橄榄树与猪是南部重要的农业支柱。这里田地广袤，19世纪70年代初，奥斯瓦尔德·克劳弗德参观葡萄牙南部后写道："葡萄牙北部与中部玉米地、麦田被阿尔加维的……无花果园、杏树园取代。"

埃武拉的人骨教堂或曰"藏骨堂"建于17世纪。那里光线昏暗的墙壁与柱子上装饰着约5000名僧侣的骨骼。它是葡萄牙南部最热门的景点之一。法鲁也有一座人骨教堂。我第一次游览葡萄牙时就去过埃武拉。当时参观藏骨堂的情景仍历历在目，街上热气灼人，与更北边起伏的地势相比，附近地势比较平坦。

对大多数外国游客来说，葡萄牙南部就等于阿尔加维，尤其是它的南部海岸。尤其是自1974年起，阿尔加维的杏树林与静寂村庄被改造为宾馆度假胜地。2017年是葡萄牙旅游观光人数创纪录的一年，有2060万名游客。但是，2018年，去往葡萄牙的游客人数下降，尤其是前到阿尔加维的人数。然而，沙滩、太阳与高尔夫球的组合持续吸引全球游客。埃及、希腊、摩洛哥、突尼斯与土耳其所有这些竞争市场遭遇的寒冬，推动着葡萄牙旅游业的发展。

阿尔加维海岸的多样性至关重要。在各种地质特征作用之下，这里有一系列绝佳的海滩。法鲁以东的海水通常温暖、平静，海滩多沙。附近的城镇并不总是那么美好。除大量别墅外，阿尔加维还有宾馆、公寓楼，以及质量不一的酒吧、俱乐部、餐馆这些基础设施。阿尔加维不仅有观光客，还有许多长居的英国侨民。诸如法鲁镇就比其他一些地方要有趣得多。相较之下，西海岸的海水冰冷、波涛汹涌。葡萄牙总计830千米长的海岸线最令人惊心动魄的一段就在这里。西海岸远不如南海岸发达。心系海岸的游客往往忽视了阿尔加维一系列的乡村景点与具有重大历史意义的小镇。例如，锡尔维什小镇和它那有趣的中世纪城堡。

历史上阿尔加维也有在别处出现过的殖民者与客商。凯尔特人从陆路来到阿尔加维，腓尼基人（定居地在塔维拉、马林堡）与迦太基人（定居地包括拉古什）从海上来到这里。古罗马人紧随其后来到此地。他们用灌溉技术提高农产量。重要的古罗马遗址在法鲁附近的米尔雷乌。在那里，有一座公元1世纪大别墅的遗迹。除公共浴室的断壁残垣外，还有以鱼为主题的马赛克画。法鲁的前身是古罗马时期的港市奥索诺巴。法鲁市立博物馆内有公元3世纪的"海洋马赛克画"。在从西班牙通往法鲁的一条古罗马沿海公路上，人们可以在塔维拉附近看到一座七拱桥。

继古罗马人之后，苏维汇人、西哥特人相继来到这里。相对而言，极少有那个时间的建筑物保留下来。但是，在后来的时期，基督教文化依然存在。因此，在米尔雷乌，水神庙被改造成教堂。在法鲁，一座罗马神殿变成大教堂的所在地。

在摩尔人统治时期，许多摩尔人来这里定居。他们喜欢为事物命名，尤其爱在地名中加上阿拉伯专有名词前的定冠词al-。西部的安达卢西亚被改成了阿尔加维。正如在法鲁与米尔雷乌那样，教堂都被改造成清真寺。南部的蜜饯原料是胖无花果（花朵状的杏仁围饰环绕着无花果），这体现出摩尔人的影响。

摩尔人的统治过后便是旷日持久的收复失地运动。1249年，阿丰索三世重新占领最后一个摩尔人重镇——法鲁。但是，卡斯蒂利亚王国宣称拥有阿尔加维的主权。1242年，塔维拉已被重新占领，1244年收复锡尔维什。

葡萄牙的收复失地运动是出于宗教原因而开展的。运动中人们见证了伊斯兰教仪式场所的破坏和改造。比如在法鲁，清真寺变成教堂，通常是恢复原本的功能。在占领期修建起来的城堡，既是为了巩固领土免受摩尔人突袭侵扰，也是为了防御东面卡斯蒂利亚王国的进攻。例如，阿尔科廷与马林堡的城堡。1319—1334年，马林堡城堡是基督骑士团总部所在地，它里面有一座教堂，基督骑士团俗世团长、航海家恩里克曾在此祈祷。拉古什人民也通过竖立的恩里克雕像向他致敬。1416年，恩里克在萨格里什海岸上建起一座筑防城镇，但这座城镇没有留下多少遗迹。在恩里克生活的时代，圣维森特角附近可以称作天涯海角。随着葡萄牙成为海事强国与后来的海洋强国，诸如拉古什这样的阿尔加维港口受益于造船业与贸易的发展。

　　在最近的旅游业兴起前，阿尔加维依赖于渔业与农业。如今，人们依然能在诸如波尔蒂芒这样的港口看到捕鱼的场景。阿尔加维有文艺复兴与巴洛克时期的建筑。例如，塔维拉文艺复兴风格的慈悲教堂、法鲁的巴洛克式卡尔莫圣母教堂。但是，这些建筑的数量远没有葡萄牙中部多。地震（尤其是1755年的里斯本大地震）导致许多那个时期的建筑物没有留存下来。尤其是在法鲁，那里的大教堂重建后镀有重金。

　　在更北方，虽然阿连特茹平原没有沿海旅游业，但它经历过一系列相似的殖民与控制。维德堡、蒙萨拉什是位于埃武拉附近的新石器时代遗址。它们先后被古罗马人、西哥特人与摩尔人占据。我们可以在马尔旺及其附近的博物馆中参观一处大型古罗马遗址的遗迹。收复失地运动留下更多的具有历史意义的建筑，尤其是城堡、墙壁与教堂。在埃斯特雷莫什，建于13世纪的山顶城堡的塔楼保存至今。1698年，当城堡中储存的弹药爆炸时，城堡主体部分被炸毁。其他留存至今的城堡有维德堡。

就像埃尔瓦什的城堡一样，历史建筑及其所在地见证着历代统治者的兴衰。埃尔瓦什城堡是一座摩尔式建筑，它建在古罗马遗址上。结果，在1229年，此地被重新占领后再度重建。1238年，在重新占领后，梅尔图拉的城堡建立起来，在摩尔式地基下是更早的古罗马遗迹。那里的清真寺被再度改建为教堂。

但是，该地区最后未能发展起来。相反，与意大利南部大部分地区一样，在古罗马人统治时繁荣昌盛的农业区在农业上变得落后。这种情况持续到今天。小城镇里全是老年人。在这个人口稀少、常常炎热的地区，年轻人都离开了。但是，这里相对的欠发达与静谧安详给对葡萄牙过往感兴趣的游客提供了许多值得一看的地方。比方说大量野生动物与沉默不语的巨石阵。就像在波塔莱格雷附近的圣马梅迪山自然公园那样，里面有野生的鹰、鹿、野猪与麝猫。那些标志着人类迁移足迹的巨石，比我们今天建造的许多东西都保存更久。

葡萄牙南部处处有美食，尤其是猪肉。与葡萄牙其他地方一样，这里的美食多种多样，包括蛤蜊炖猪肉。还有羔羊肉（如炖羊肉）、山羊肉（如烤小山羊）与兔肉。它们用葡萄牙传统铜锅烹饪而成，可将美味封存于食材之中。以葡萄酒、香菜为佐料，别具一格。塞尔帕特制奶酪由山羊奶、绵羊奶制成。特别是在维迪盖拉附近的阿连特茹地区与雷根古什-迪蒙萨拉什附近地区盛产供直接饮用的葡萄酒，红葡萄酒、白葡萄酒都有。阿连特茹附近的圣库库法特古罗马遗址能看到许多葡萄压榨机。

第十六章

重新发现葡萄牙：附属群岛

群岛居民身上的葡萄牙味浓重，
他们的生活方式在许多方面都与本土葡萄牙人相似。

自15世纪起，亚速尔群岛、马德拉岛均为葡萄牙所有。它们也曾遇到许多经济问题。火山地形导致难以开垦，尤其是马德拉岛与亚速尔群岛的法亚尔、皮科。葡萄牙群岛的旅游业可与地中海的旅游业相媲美。那些在葡萄牙海事帝国时代充当重要中途站的群岛，那些在前往南非、南美洲海上航线上作为沿途停靠港或装煤港的群岛，如今已无经济与战略价值。

群岛居民大多为葡萄牙裔，因为早期岛上需要农民开垦。这就是诸群岛要求葡萄牙权力下放的原因。虽然1976年宪法特别自治法让亚速尔群岛、马德拉岛均受益，但亚速尔群岛要求权力下放的呼声要高于马德拉岛。这些群岛也略有差异。例如，亚速尔群岛降雨量充沛，马德拉岛则依靠灌溉设施。

亚速尔群岛的岛屿分布范围很广泛。事实上，最远的岛屿彼此之间超过643千米。弗洛里斯岛、科尔武岛是最深入大西洋的岛屿，让人感觉更遥远。主要岛屿群是法亚尔、皮科、圣若热、特塞拉与格拉西奥萨岛。东边是圣马利亚岛和最大的圣米格尔岛，以及绿岛。蓬塔德尔加达是绿岛的首府，那里的街道铺着鹅卵石。特别是由于最近泊船设施的发展，那里成为游轮停靠站。首府具有历史意义的建筑，与美丽、位置便捷的植物园相映成趣。蓬塔德尔加达植物园体现出绿岛与巴西和非洲的历史联系。同依然令人赞叹的里斯本植物园相比，它看起来更加秩序井然。绿岛上有许多火山口，比如富尔纳斯的火山口。富尔纳斯也有美丽的花园，当地景点还包括富尔纳斯湖上的火山岩地面。在那里，人们把食物埋在地下慢慢煮熟，那真是美味。

航海家恩里克建立了亚速尔群岛殖民地。1671年，约翰·纳布勒船长在日记中提到圣米格尔岛："悬崖峭壁之上全是玉米地……岛屿看着郁郁葱葱。它被切割成一块块耕地。"他笔下的圣米格尔岛始终是富足充盈之地："小麦、牛肉、猪肉与其他食物……所有食物都很充足。"

在亚速尔群岛中部的岛屿里，特尔塞拉岛最有看头。1983年，联合国教科文组织将特尔塞拉岛重镇英雄港列为世界文化遗产。16、17世纪，那里曾大兴土木。特尔塞拉岛上的火山风光也很有名。2015年3月，圣米格尔岛、特尔塞拉岛领空自由化，使廉价航班盛行。选择航空的游客在2016年占比达到19.9%，2017年是18.5%。

马德拉岛是距离非洲海岸约643千米的诸多群岛中最重要的岛屿。航海家恩里克将小麦、葡萄与甘蔗首先带到岛上。1669年，约翰·伍德船长评论道："这座岛上有酸酸甜甜的橙子、柠檬、无花果、核桃、栗子、石榴、大蕉、香蕉与洋葱，但主要的还是葡萄……渔获物与一些棉花。"他提到东北部的圣港岛暴露在来自萨利（拉巴特）的摩洛哥私掠船的侵袭之下。如今，马德拉岛的经济支柱是旅游业。2016年，有150万名游客来岛上旅游。这里很受寻求宁静安逸、阳光充足度假胜地的人欢迎。马德拉岛首府丰沙尔那具有历史意义的、迷人的镇中心保留完整。与葡萄牙其他城市一样，这得益于过去的150年里此处久经和平。

在大西洋深处结束本书也许正是恰当，因为那里与里斯本、波尔图的街道远隔千山万水。事实并非如此，海与陆关系紧密。前往亚速尔群岛上的法亚尔岛，你能像笔者一样找几个游客一起拼出租车，去大镇奥尔塔看依然活跃的火山风光。西边的卡佩里霍斯火山在1957—1958年还喷发过，这加速了岛上人口外移至亚速尔群岛的过程。返程时，你会看到葡萄牙人的日常生活与传统习俗，街上的人群熙熙攘攘。

群岛居民身上的葡萄牙味十分浓重，他们的生活方式在很多方面都与本土葡萄牙人相似。两者息息相关，这就是他们之间的联系。葡萄牙也是一个向海而生的国家，所有人员、物资都聚于港口，流向大海，止于群岛。